Waterkortte

Mobbing

im Arbeits- und Beamtenrecht

Winfried Waterkortte

Mobbing

im Arbeits- und Beamtenrecht

Kompaktwissen für die Praxis

Verlag Personal, Recht, Management Ltd.

Bibliographische Information der deutschen Nationalbibliothek
Die Deutsche Nationalbibliothek verzeichnet diese Publikation in der Deutschen Nationalbibliographie; detaillierte bibliographische Daten sind im Internet über http://dnb.d-nb.de abrufbar.

Niederlassung Deutschland: Lindlaustr. 2a, 53842 Troisdorf

Umschlagskonzeption: Verlag Personal, Recht, Management Ltd.
Titelbild: © www.fotolia.de
Satz: Verlag Personal, Recht, Management Ltd.
Druck: Books on Demand GmbH, Norderstedt
Printed in Germany, April 2010

ISBN 978-3-941388-34-5

Vorwort

Das Thema Mobbing erfasst zurzeit anscheinend immer mehr gesellschaftliche Bereiche. Besonders breiten Raum nimmt beispielsweise die Diskussion um Mobbingstrukturen im Bereich der Schule ein. Nicht zuletzt die Medien haben das Klassenzimmer als Ort von Psychoterror entdeckt, daneben gewöhnt man sich daran, familiäre Konflikte als Mobbing zu bezeichnen. Auch im politischen Raum wird Mobbing mittlerweile als Kampfbegriff benutzt.

Die vorliegende Abhandlung beschränkt sich auf die ursprüngliche Bedeutung von Mobbing als Schikane am Arbeitsplatz. Im Arbeitsrecht bedeutet Mobbing eine vornehmlich auf der Ebene der Kommunikation geführte Auseinandersetzung zwischen Vorgesetzten und Beschäftigten und ebenso zwischen den Beschäftigten untereinander. Auch Vorgesetzte können von ihren Untergebenen gemobbt werden.

Neben einer kurz gefassten Darstellung von Erscheinungsformen und Auswirkungen von Mobbing wird eine kompakte rechtliche Bewertung aus der Sicht des Arbeits- und Beamtenrechts sowie aus der Perspektive des Haftungs- und Strafrechtes vorgenommen. Betroffene und die Beteiligten an Mobbingsituationen auf den verschiedenen Ebenen von Betrieb und Verwaltung erhalten praxisorientierte, übersichtliche Hinweise für rechtliche Bewertungen und Abwehrstrategien.

Breiten Raum nimmt die Darstellung der rechtlichen Möglichkeiten der Arbeitnehmervertretung in der Privatwirtschaft und in der öffentlichen Verwaltung ein.

Der rechtliche Rahmen der Einflussmöglichkeiten von Betriebsrat und Personalvertretung wird im Rahmen der gemeinsamen Überwachungs- und Präventionspflichten von Arbeitnehmervertretung und Arbeitgeber behandelt. Daneben werden die zum Teil weitreichenden Beteiligungsrechte von Betriebs- und Personalrat beispielsweise bei personellen Einzelmaßnahmen aufgrund von Mobbingsituationen und bei allgemeinen Fragen des Verhaltens von Arbeitnehmern an ihrem Arbeitsplatz dargestellt. Ausgegangen wird dabei von einer den gesetzlichen Vorgaben entsprechenden vertrauensvollen Zusammenarbeit von Betriebs- und Behördenleitung und der zuständigen Arbeitnehmervertretung.

Neben Gemeinsamkeiten der rechtlichen Möglichkeiten im Betriebsverfassungsgesetz und im Personalvertretungsrecht bei der Abwehr von Mobbinghandlungen werden die zum Teil unterschiedlichen Handlungsmöglichkeiten im öffentlichen Dienstrecht und kollektiven Arbeitsrecht herausgearbeitet.

Die personalvertretungsrechtliche Betrachtung orientiert sich am Bundespersonalvertretungsgesetz (BPersVG) und verzichtet auf eine detaillierte Einbeziehung der sechzehn Landespersonalvertretungsgesetze. Dies geschieht aus Gründen besserer und verständlicherer Lesbarkeit, zudem bestehen bei den infrage kommenden rechtlichen Regelungen zwischen dem Personalvertretungsgesetz des Bundes und der Bundesländer keine wesentlichen Unterschiede.

In gleicher Weise wird bei der Darstellung der Bewertung von Mobbinghandlungen im Beamtenrecht verfahren. Ausgangspunkt sind die Bestimmungen des Bundesbeamtengesetzes (BBG) und des Bundesdisziplinargesetzes (BDG). Unterschiede zu den Regelungen im Länderbereich bestehen in der Regel nicht. Zudem hat der Bund durch das Beamtenstatusgesetz (BeamtStG) vom 17.06.2008 in diesem Bereich von seiner konkurrierenden Gesetzgebung Gebrauch gemacht.

Ergänzt werden die Ausführungen durch die rechtlichen Anwendungsmöglichkeiten des allgemeinen Gleichbehandlungsgesetzes (AGG) auf Mobbingsituationen.

Rechtsprechungs- und Literaturhinweise wurden aus Gründen der Übersichtlichkeit und der leichteren Orientierung für den Leser nur im beschränkten Umfang aufgenommen. Grafiken, Übersichten und Schaubilder erleichtern die rasche Orientierung zu einzelnen Problemfeldern und veranschaulichen den Text.

Aus Gründen der Lesbarkeit und der besseren Verständlichkeit wird ausschließlich die männliche Schreibweise verwandt.

Als kompakter und anschaulicher Ratgeber für die rechtliche Bewertung von Mobbing wendet sich die Abhandlung an Führungskräfte in Betrieb und Verwaltung, Mitglieder von Betriebs- und Personalräten und nicht zuletzt an Mobbingopfer, denen es eine kurz gefasste juristische Hilfestellung bieten kann.

Münster, im März 2010 Winfried Waterkortte

Inhaltsverzeichnis

1 Begriffsbestimmung

1.1 Allgemein

Der Begriff „Mobbing“ leitet sich ab vom englischen mob, im Deutschen übersetzt mit „Pöbel, aufgewiegelte Volksmenge, primitiver gewalttätiger Haufen“. Das englische Verb „to mob“ ist zu übersetzen mit „jemanden angreifen, attackieren oder über ihn herfallen“. Moblow bedeutet dann Lynchjustiz.

Eingang in die Umgangssprache und ins Arbeitsleben fand Mobbing durch die Arbeiten des Arbeitswissenschaftlers *Heinz Leymann*; danach ist Mobbing die generelle Bezeichnung für physische und psychische Angriffe am Arbeitsplatz.

Ausgangspunkt für die Arbeiten Leymanns war seine Beobachtung, dass die Ursachen insbesondere für psychische Erkrankungen von Arbeitnehmern häufig durch ihr betriebliches Umfeld am Arbeitsplatz zu erklären waren.

Danach beschreibt Mobbing im Arbeitsleben „negative kommunikative Handlungen, die gegen eine Person gerichtet sind (von einer oder mehreren anderen) und die sehr oft über einen längeren Zeitraum vorkommen und damit die Beziehung zwischen Täter und Opfer kennzeichnen.“ (*Leymannn*, S. 21)

Eine erweiterte Definition erklärt Mobbing als schikanöses Handeln. „Der Begriff Mobbing beschreibt schikanöses Handeln einer oder mehrerer Personen, das gegen eine Einzelperson oder eine Personengruppe gerichtet ist. Die schikanösen Handlungen werden meistens über einen längeren Zeitraum hin wiederholt. Sie implizieren grundsätzlich die Täterabsicht, dass (die Opfer) bzw. sein (ihr) Ansehen zu schädigen und ggf. aus seiner (ihrer) Position zu vertreiben.“ (*Zuschlag*, S. 6) Danach hat Mobbing die Absicht, den Ausschluss oder Ausstoß des Opfers von seinem Arbeitsplatz zu erreichen.

In der mittlerweile in den Medien zum Teil sehr intensiven Beschäftigung mit dem Thema finden sich Schlagzeilen wie „Psychokrieg“, Psychoterror am Arbeitsplatz“, „Zoff im Job“, „Hölle Betrieb“ oder ähnliche Formulierungen.

Daneben gelten vor allem im angelsächsischen Sprachraum folgende Definitionen:

- Bullying = Tyrannisieren, schikanieren, von bully (brutaler Mensch, Tyrann)
- Harassment = Belästigung, Beunruhigung
- Employment abuse = Unmenschliche Behandlung von Beschäftigten
- Bossing = Mobbing durch Vorgesetzte oder den Arbeitgeber
- Cyberbullying = Schikane, Belästigung mit Mitteln virtueller Kommunikation

1.2 Arbeitsrechtliche Definition

Bei Mobbing handelt es sich zunächst nicht um einen juristischen Begriff aus dem Arbeitsrecht oder dem öffentlichen Dienstrecht sondern um eine Beschreibung von Phänomenen aus der Arbeitswelt mit den Begriffen und Methoden der Arbeitswissenschaft.

„Aus arbeitswissenschaftlicher Sicht umfasst der Begriff „Mobbing“ eine konfliktbelastete Kommunikation am Arbeitsplatz zwischen Arbeitnehmern oder zwischen ihnen und den Vorgesetzten, bei der jemand systematisch und oft über einen längeren Zeitraum mit dem Ziel oder dem Ergebnis des Ausstoßes aus der Gemeinschaft direkt oder indirekt angegriffen wird und dies als Diskriminierung empfindet. Die zahlreich in Betracht kommenden Handlungen können darin bestehen, das der Betroffene tätlich angegriffen oder auch nur geringschätzig behandelt, von der Kommunikation ausgeschlossen, beleidigt oder diskriminiert wird.“ (*Wolmerath* in PersR 2004, S. 328)

Erforderlich, um von Mobbing zu sprechen, sind dabei zum einen die zielgerichteten Angriffe und Schikanen gegen eine bestimmte Person oder auch eine Personengruppe, zum anderen der Nachweis, dass sich diese Handlungen systematisch und kontinuierlich über einen längeren Zeitraum erstrecken.

Trotz einer im internationalen Maßstab relativ umfänglichen Anzahl von Arbeitnehmerschutzrechten gibt es in Deutschland kein Anti–Mobbing Gesetz und damit zunächst auch keine rechtsverbindlichen Definitionen von Mobbing oder Mobbinghandlungen.

Gleichzeitig müssen Abgrenzungen zum allgemeinen Katalog der Pflichten und Rechte aus dem Arbeitsverhältnis, z. B. der Unterwerfung des Arbeitnehmers unter das Direktionsrecht des Arbeitgebers etc. vorgenommen werden. Die korrekte Erfüllung arbeitsvertraglicher Pflichten, die den

Kern eines jeden Beschäftigungsverhältnisses ausmachen, fällt nicht unter den Begriff „Mobbing". Voraussetzung ist dabei, dass die ihm geschuldeten Pflichten vom Arbeitgeber rechtlich einwandfrei und unter Berücksichtigung seiner Fürsorgepflicht für den Beschäftigten eingefordert werden.

Als vertragliche Nebenpflicht hat der Arbeitgeber gesundheitliche Gefährdungen von den bei ihm Beschäftigten fernzuhalten, ihr berufliches Fortkommen zu fördern und insbesondere ihre Persönlichkeitsrechte zu schützen.

Auch ergeben sich bei der Zusammenarbeit von Menschen an ihrem Arbeitsplatz immer wieder Konflikte, Spannungen und Auseinandersetzungen, ohne dass diese von vornherein Mobbing darstellen. Kurzfristig entstehende Spannungen zwischen Beschäftigten oder mit Vorgesetzten können jedoch nicht als Mobbinghandlungen definiert werden.

Im arbeitsrechtlichen Sinne können nach wie vor die Entscheidungen des BAG vom 19.01.1997 und des LAG Thüringen vom 12.02.2001 als maßgeblich gelten.

Auf diese grundsätzlichen Entscheidungen beziehen sich mittlerweile zahlreiche weitere Urteile, obwohl es sich bei Verfahren wegen Mobbings immer um einen konkreten Einzelfall mit besonderen Umständen handelt.

Nach der Mobbingdefinition des BAG ist Mobbing das systematische Anfeinden, Schikanieren oder Diskriminieren von Arbeitnehmern untereinander oder durch Vorgesetzte.

Umfassend ist Mobbing vom LAG Thüringen beschrieben worden. „Im arbeitsrechtlichen Verständnis erfasst der Begriff des „Mobbing" fortgesetzte, aufeinander aufbauende oder ineinander übergreifende, der Anfeindung, Schikane oder Diskriminierung dienende Verhaltensweisen, die nach Art und Ablauf einer übergeordneten, von der Rechtsordnung nicht gedeckten Zielsetzung förderlich sind und jedenfalls in ihrer Gesamtheit das allgemeine Persönlichkeitsrecht oder andere ebenso geschützte Rechte wie die Ehre oder die Gesundheit des Betroffenen verletzen. Ein vorgefasster Plan ist nicht erforderlich, eine Fortsetzung des Verhaltens unter schlichter Ausnutzung der Gelegenheit ist ausreichend. Zur rechtlich zutreffenden Einordnung kann dem Vorliegen von falltypischen Indiztatsachen (mobbingtypische Motivation des Täters, mobbingtypischer Geschehensablauf, mobbingtypische Veränderung des Gesundheitszustandes des Opfers) eine ausschlaggebende Rolle zukommen, wenn eine Konnexität zu den von den Betroffenen vorgebrachten Mobbinghandlungen besteht." (LAG Thüringen, 10.04. 2001-5 SA 403/00)

Entscheidend sind die Begriffe „dauerhaft“ und „systematisch“ und die Feststellung der erheblichen gesundheitlichen und persönlichkeitsverletzenden Folgen für den Betroffenen.

Zusammenfassend wird eine Mobbingsituation gekennzeichnet durch:

- Systematisches Vorgehen
- Zeitliche Kontinuität der Angriffe
- Verletzung von Rechtsgütern, z. B. Persönlichkeit oder Gesundheit
- Angriff auf die sozialen Beziehungen des Opfers
- Täter-Opfer-Beziehung
- Ausgrenzung der Betroffenen
- Psycho-soziale Misshandlung der Opfer
- Quantitativ und qualitativ zunehmende Druckausübung auf das Opfer

In Abgrenzung dazu ist festzustellen, dass eine rechtlich zulässige arbeits- oder dienstrechtliche Maßnahme, die vom Arbeitnehmer subjektiv als Belastung empfunden wird, noch kein Mobbing darstellt.

Dazu gehören im Rahmen der Vertragsbedingungen zwischen Arbeitgeber und Arbeitnehmer beispielsweise dienstliche Anweisungen zur räumlichen, fachlichen und zeitlichen Erledigung von Arbeitsaufgaben.

Mobbinghandlungen entstehen, wenn Arbeitsanweisungen bewusst schikanierend, fachlich über- oder unterfordernd und unter z. B. gesundheitsgefährdenden Bedingungen erfolgen.

2 Erscheinungformen von Mobbing

Mobbing kann sich in einer großen Vielzahl von Handlungen und Verhaltensweisen ausdrücken, wobei der Phantasie des Mobbers kaum Grenzen gesetzt sind.

Leymann entwickelt demnach 45 typische Mobbinghandlungen, die er mit Hilfe von Befragungen von Betroffenen feststellte und in fünf Kategorien einordnete.

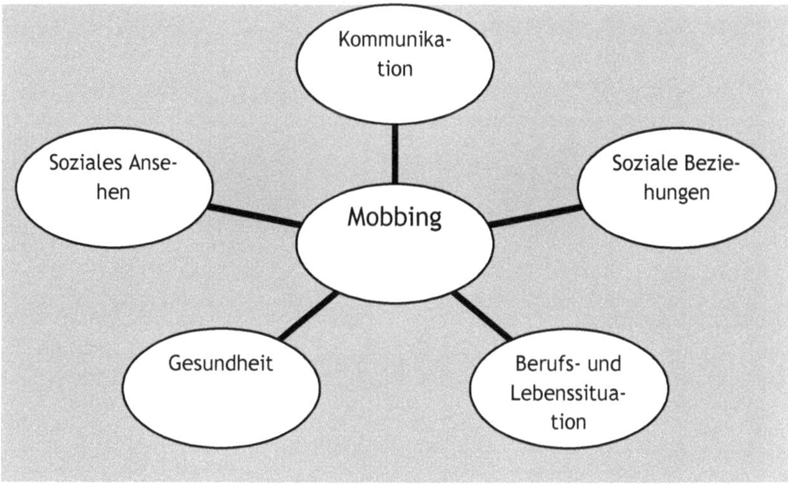

Esser/ Wolmerath (S. 25ff) unterscheiden zehn Gruppen von Mobbinghandlungen:

- Angriffe auf die Arbeitsleistungen und das Leistungsvermögen
- Angriffe gegen den Bestand des Beschäftigungsverhältnisses
- Destruktive Kritik
- Angriffe gegen die soziale Integration am Arbeitsplatz
- Angriffe gegen das soziale Ansehen im Beruf
- Angriffe gegen das Selbstwertgefühl
- Angst, Schreck und Ekel erzeugen
- Angriffe gegen die Privatsphäre
- Angriffe gegen die Gesundheit und körperliche Unversehrtheit
- Versagen von Hilfe

Der Mobbingprozess kann in verschiedenen Phasen ablaufen, beginnend mit zunächst vereinzelten persönlichen Angriffen, zunehmender systematischer Schikanierung mit dem Ergebnis der Ausgrenzung und Isolation des Opfers, das darauf häufig mit dem Verlust des Selbstwertgefühls, tatsächlich nachlassender beruflicher Leistung, gesundheitlichen Beschwerden, Fehlzeiten und Depressionen reagiert.

Diese bedingen wiederum arbeitsrechtliche Konsequenzen, Versetzung, Abordnung, Abmahnung bis hin zur Kündigung, Selbstkündigung und dem Ausscheiden aus dem Betrieb, nicht selten aus dem Arbeitsleben überhaupt.

Mobbingbetroffene leiden insbesondere unter folgenden Handlungen:

Gerüchte/ Unwahrheiten	61,8 %
Arbeitsleistung falsch bewertet	57,2 %
Ständige Sticheleien und Hänseleien	55,9 %
Wichtige Informationen verweigert	51,9 %
Die Arbeit wird massiv und ungerecht kritisiert	48,1 %
Ausgrenzung/ Isolierung	39,7 %
Als unfähig dargestellet	38,1 %
Beleidigungen	36,0 %
Arbeitsbehinderung	26,5 %
Arbeitsentzug	18,1 %

(*Meschkutat*, Seite 39)

Nach der gleichen Umfrage wurden die Opfer von folgenden Personen oder Personengruppen gemobbt:

Nur vom Vorgesetzten	38,2 %
Gemeinsam vom Vorgesetzten und von Kolleg/ innen	12,8 %
Nur von einer Kollegin/ von einem Kollegen	22,3 %
Von einer Gruppe von Kolleg/ innen	20,1 %
Nur Untergebene	2,3 %
Weiß nicht/ keine Angabe	4,2 %

(*Meschkutat*, Seite 65)

2.1 Gründe und Ursachen für Mobbing

2.1.1 Betriebliche Strukturen

Die Gründe, warum jemand am Arbeitsplatz angegriffen wird, sind vielfältig und haben neben einer wahrscheinlichen individuellen Disposition beim Täter und beim Opfer in aller Regel auch strukturelle Gründe, die der Betrieb oder die Verwaltung zu verantworten haben.

Folgende Faktoren sind beispielsweise häufig die Ursachen:

- Schlechte Arbeitsorganisation
- Autoritäre Führung
- Fehlende Gesprächskultur
- Mangelnde Arbeitsgestaltung

Die Betroffenen erklären sich ihre Opferrolle mit folgenden Gründen in der Reihenfolge der Häufigkeit der Nennungen (auch Mehrfachnennungen)

Ich wurde gemobbt weil bzw. wegen	
ich unerwünschte Kritik geäußert habe	60,1 %
ich als Konkurrenz empfunden wurde	58,9 %
der/ die Mobber neidisch auf mich waren	39,7 %
es Spannungen zwischen mir und Vorgesetzten gab	39,4 %
meiner starken Leistungsfähigkeit	37,3 %
ein Sündenbock gesucht wurde	29,1 %
meines Arbeitsstils	28,5 %
der/ die Mobber meinen Arbeitsbereich haben wollte/ n	24,8 %
meiner angeblichen unzureichenden Leistung	23,3 %
ich neu in die Abteilung/ Gruppe gekommen bin	22,1 %
meines persönlichen Lebensstils	17,7 %
ich eine Frau/ ein Mann bin	12,5 %
meines Aussehens	9,1 %
meiner Nationalität	3,8 %
meiner sexuellen Orientierung	2,2 %
sonstige Motive	28,2 %
keine Ahnung, warum gerade ich gemobbt wurde	7,9 %

(*Meschkutat*, Seite 114)

Zwar sind dies zu einem nicht geringen Teil subjektive Wertungen, die nicht immer einer objektiven Analyse der Mobbingsituation standhalten werden. Ohne Zweifel sind aber auch nur subjektiv empfundene Umstände gravierende Auslöser aller Mobbingfolgen für den Betroffenen.

2.1.2 Außerbetriebliche Faktoren

Hierzu gehören die allgemeine Situation auf dem Arbeitsmarkt, aktuelle Gefährdungen des Arbeitsplatzes durch Globalisierung, Kurzarbeit, allgemeine Wirtschaftskrise, drohende Insolvenz, Auflösung und Verlegung von Produktion und einzelnen Betriebsteilen, Zentralisierung und Zusammenlegung von Dienststellen, Privatisierungen im öffentlichen Bereich usw.

Auch ganz allgemeine gesellschaftliche Faktoren wie

- soziale Rücksichtslosigkeit,
- Ellenbogenmentalität,
- übersteigerter Individualismus,
- krasser Egoismus,
- Auflösung familiärer Strukturen,
- Verlust von Wertvorstelllungen und Normen,
- Auflösung sozialer Milieus

mögen hierbei eine Rolle spielen, doch sollten diese nicht überbewertet werden. Historische Vergleiche zur Problematik sind kaum möglich und würden auch unzulänglich bleiben.

Mobbingphänomene können auch nicht einem bestimmten Gesellschaftssystem angelastet werden und sind auch nicht zwangsläufig Auswüchse einer spätkapitalistischen Wirtschaftsordnung, erst recht nicht das Ergebnis einer sozialen Marktwirtschaft.

Zwar liegen Untersuchungen aus kollektivistischen, sozialistischen Gesellschafts- und Wirtschaftsordnungen nicht vor, anzunehmen ist jedoch, dass es dort ähnliche Erscheinungsformen gegeben hat oder geben wird.

2.1.3 Mobbingrisiko in bestimmten Branchen und Berufsgruppen

Untersuchungen der Bundesanstalt für Arbeit wollen auch festgestellt haben, dass es branchenspezifisch geringe oder hohe Risiken gibt, von Mobbing betroffen zu werden. Danach ist für Beschäftigte in sozialen Berufen, für Verkaufspersonal sowie für Beschäftigte im Bereich von Banken und Versicherungen das Mobbingrisiko vielfach höher als für kaufmännische Angestellte, Berufskraftfahrer, Reinigungs- und Entsorgungskräfte oder unter Beschäftigten in landwirtschaftlichen Berufen.

Generell kann auch festgestellt werden, dass Frauen, Auszubildende und ältere Beschäftigte einem allgemein höheren Mobbingrisiko ausgesetzt sind. Untersuchungen über Intensität und Häufigkeit von Mobbing in den verschiedenen Beschäftigtengruppen wie Arbeitern, Angestellten oder Beamten liegen nicht vor. Dies gilt auch für einen generellen Vergleich zwischen den Beschäftigten in der Privatwirtschaft und im öffentlichen Dienst.

Wenn Mobbing sich u. a. aus Sorge um den Verlust des Arbeitsplatzes oder als Kampf um verbleibende Arbeitsplätze erklärt, könnte angenommen werden, dass im öffentlichen Dienst aufgrund des geringen Arbeitsplatzrisikos Mobbing seltener auftritt. Aussagekräftige empirische Untersuchungen dazu liegen nicht vor.

2.1.4 Mobbing in der Schule

Zunehmend gerät - insbesondere in den Medien – die Schule als Ort von Mobbing zwischen Schülerinnen und Schülern, Lehrkräften und Schülern sowie zwischen Lehrern und Lehrerinnen innerhalb eines Lehrerkollegiums in die öffentliche Diskussion.

Aktuelle Vorfälle wie Amokläufe von Schülern im Schulbereich werden nicht zuletzt auf Mobbingbelastungen durch die Institution Schule zurückgeführt.

Dabei kann im Sinne einer arbeitswissenschaftlichen und arbeitsrechtlichen Definition nur sehr bedingt, wenn überhaupt, von Mobbing gesprochen werden. Vielmehr scheinen die Ursachen solcher Vorgänge vornehmlich in allgemeinen gesellschaftlichen Phänomenen (beispielsweise Gewaltverherrlichung in den Medien, Gewaltvideos, Computerspiele etc.) zu liegen.

Im engeren Bereich des Arbeitsplatzes „Schule“, innerhalb der Arbeitsbeziehungen zwischen den Lehrkräften und zwischen diesen und der Schulleitung sind selbstverständlich Mobbingphänomene möglich.

Auch der Unterricht in unmotivierten, undisziplinierten Klassen, etwa in sozialen Brennpunkten und in bestimmten Schulformen mit einem entsprechenden provozierenden, respektlosen und häufig aggressiven Verhaltensweisen von Schülern gegenüber ihren Lehrern erzeugen bei den Betroffenen nicht selten die gleichen gesundheitlichen Folgen, die auch bei systematischem Mobbing festgestellt werden.

2.1.5 Opfer- und Tätermerkmale

Ältere Darstellungen gehen noch davon aus, dass es typische Täter und ebensolche Opfer gibt. Danach sind es bestimmte Persönlichkeitsmerkmale, die Mobbing scheinbar begünstigen und Menschen besonders anfällig für Mobbing machen. Sie scheinen besonders gefährdet im betrieblichen Umfeld, häufig auch im privaten Bereich die Opferrolle einzunehmen oder sich in diese Rolle drängen zu lassen.

„In der Literatur wird, soweit es den Mobbingbetroffenen betrifft, nahezu ausschließlich vom „Opfer“ bzw. vom „Mobbingopfer“ und soweit es um den Mobber geht, oftmals vom „Täter“ bzw. „Mobbingtäter“ gesprochen. Diese Begriffsbestimmung ist überzogen, weil sie den am Mobbinggeschehen beteiligten Personen von vornherein feste Rollen zuweist – ohne der Frage nachzugehen, ob derjenige, der sich beispielsweise bei seinem Vorgesetzten über einen Arbeitskollegen beschwert, tatsächlich Mobbing ausgesetzt ist. Schließlich ist nicht auszuschließen, dass sich der Mobber als Mobbingbetroffener darstellt, um die bezichtigte Person etwa aus der eigenen Abteilung herauszudrängen. Von dem „Opfer“ und dem „Täter“ sollte daher nur dort die Rede sein, wo es auch tatsächlich angezeigt ist.“ (*Esser/Wolmerath*, S. 31)

Hinzu kommt, dass das Umfeld einer Mobbingsituation in der Regel nicht unbeteiligt ist und beispielsweise durch Ignorieren, Wegsehen, passives oder sogar aktives Mittun die Mobbinghandlung erst ermöglicht.

„Aus der Interaktionsforschung ist bekannt, dass menschliches Verhalten nicht einseitig von Persönlichkeitsfaktoren abhängt, sondern stark von situativen Bedingungen beeinflusst wird. Nach *Niedl* (1995) kann nach 20jähriger Forschungsarbeit zum Thema Mobbing davon ausgegangen werden, dass eine isolierte Betrachtung von Tätern und Opfern wenig zu einer Erklärung des Phänomens Mobbing beiträgt.“ (*Brinkmann*, S. 64)

Häufig ermöglicht das Umfeld durch sein Verhalten erst die Angriffe des Mobbers, indem es ihm den Eindruck der Unterstützung seiner Aktion, dem Betroffenen dagegen das deutliche Empfinden von Isolation, Anderssein, Außenseitertum und Nichtqualifikation vermittelt. „Würden diese Personen in den Geschehensprozess eingreifen, dürfte der Mobber regelmäßig in seine Schranken gewiesen und das Mobbing in der Regel beendet werden. Indem die „Möglichmacher“ das Mobbing durch ihr passives Verhalten ermöglichen, tragen sie häufig – wenn auch unbewusst – zu einer Isolierung des Mobbingbetroffenen bei.“ (*Esser/Wolmerath*, S. 32)

Auch das persönliche und familiäre Umfeld des Betroffenen kann für ihn von besonderer Bedeutung sein. Es kann unterstützen, helfen und beraten, aber auch durch Gleichgültigkeit seine Isolation verschärfen.

Unbestreitbar ist dabei die Tatsache, dass ein „Opfer“, das in unterstützenden Familien- und Beziehungssituationen lebt, in der Regel sehr viel leichter die physische und psychische Stabilität aufweist, um eine Mobbingsituation zu ertragen oder aktiv dagegen vorzugehen.

Eine wichtige Rolle spielt auch die Einstellung und die Unterstützung der betrieblichen Interessenvertretung in Personalvertretung und Betriebsrat zum betrieblichen Problem Mobbing.

Auch die Einstellung und nicht zuletzt die Kenntnisse, die Vertreter der im Betrieb und in der Dienststelle vertretenen Gewerkschaften und Verbände zum Problem Mobbing haben, kann bei der Unterstützung von Betroffenen eine erhebliche Rolle spielen.

Davon wird es häufig abhängen, ob Mobbingopfer, z. B. bei den gewerkschaftlichen Vertrauensleuten, Verständnis für Ihre Situation und damit auch die Bereitschaft zur Hilfestellung erwarten können.

Diese Einschätzung wird auch von Bedeutung sein, wenn sich der von Mobbing betroffene Arbeitnehmer an den betriebsärztlichen Dienst des Betriebes oder der Behörde wendet.

Beteiligte im Mobbingprozess

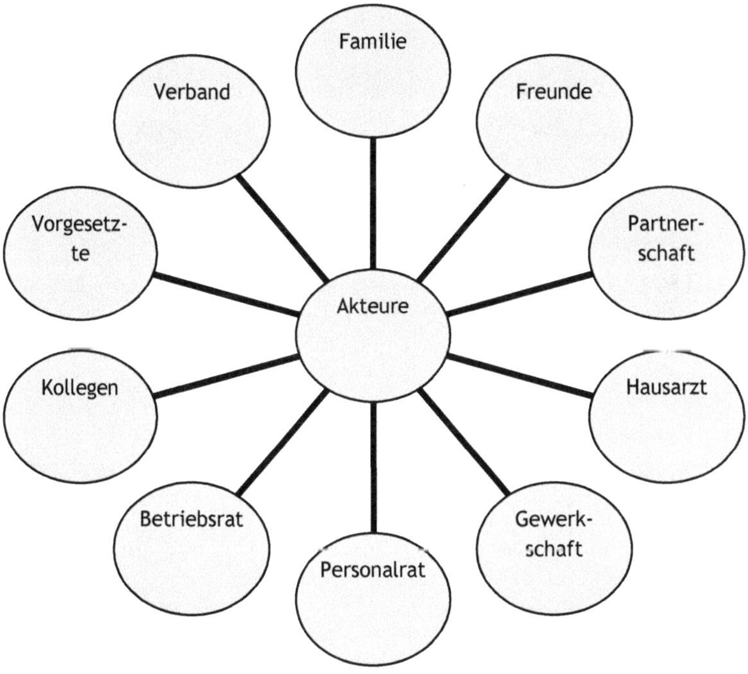

3 Auswirkungen und Folgen von Mobbing

3.1 Für den Betroffenen

Der Besitz eines Arbeitsplatzes, Anerkennung der beruflichen Leistung, Zufriedenheit und Bestätigung im ausgeübten Beruf, Definition der eigenen gesellschaftlichen Rolle durch die ausgeübte berufliche Tätigkeit stellen für die meisten Menschen wichtige, nicht selten entscheidende Faktoren für ihr Selbstwertgefühl, ihr Selbstbewusstsein und ihre Identität dar.

Mobbinghandlungen führen früher oder später zu einer zunehmenden Beeinträchtigung, letztlich Zerstörung dieser Grundbefindlichkeit des arbeitenden Menschen.

Fehlende fachliche und soziale Anerkennung der beruflichen Leistung, unsachliche Kritik, ständige Angriffe auf die Arbeitsleistung und die Persönlichkeit, mangelnde Unterstützung von Vorgesetzten und Kollegen haben schwerwiegende Folgen für die Gesundheit des Betroffenen und seine Leistung am Arbeitsplatz.

Individuelle Folgen

am Arbeitsplatz	gesundheitliche Störungen
Nervosität	Schlafstörung
Mangelnde Konzentration	Alpträume
Stress	Grübelzwang
Demotivation	Magen-, Darmprobleme
Gleichgültigkeit	Herz- Kreislaufstörungen
Innere Kündigung	Rückenschmerzen
Mindere Arbeitsqualität	Verspannungen
Fehlzeiten	Alkohol/ Drogen
Sozialer Rückzug	Hörsturz
Arbeitsunfähigkeit	Depressionen
Abmahnung und Versetzung	Suizidgedanken
Kündigung	Suizid

Häufig sehen sich die Betroffenen mit entsprechenden Sanktionen des Arbeitgebers oder der Dienststelle konfrontiert.

Die Maßnahmen reichen von der Ermahnung und der arbeitsrechtlichen Abmahnung über Umsetzungen und Versetzungen bis hin zu Auflösungsverträgen und der arbeitgeberseitigen Kündigung.

Häufig beginnt mit dem Verlassen des Betriebs oder der Dienststelle das Abrutschen ins soziale Abseits, Langzeitarbeitslosigkeit und der Weg in die Sozialhilfe.

3.2 Für den Betrieb und die Dienststelle

Mobbing ist für ein Unternehmen oder eine Verwaltung immer mit Kosten verbunden, von daher sollte die Vermeidung von Mobbing ein wichtiges Unternehmensziel sein.

Ganz allgemein gilt auch für das Phänomen Mobbing, dass sich materielle und ideelle Investitionen eines Betriebes in den Bereichen Gesundheitsförderung und gesundheitliche Prävention sowohl für das Unternehmen als auch allgemein volkswirtschaftlich betrachtet rechnen. So werden Fehlzeiten und Arbeitsunfähigkeiten vermieden, Arbeitsplatzzufriedenheit und Motivation der Belegschaft gesteigert und die Identifikation der Beschäftigten mit ihrem Unternehmen und seinen Zielsetzungen gefördert.

Direkte finanzielle Belastungen für den Arbeitgeber
Arbeitsunfähigkeit des Betroffenen
Lohnfortzahlung im Krankheitsfall
Ausfall von Arbeitszeit
Arbeitsvermittlungskosten
Abfindungen
Fehlerhäufigkeit
Sachschäden
Produktmängel
Personalreserve
Betriebliches Eingliederungsmanagement
Gerichtskosten

Dabei fallen nicht unerhebliche Kosten für die gedankliche und organisatorische Vorbereitung von Mobbinghandlungen auf der Seite des Mobbers und dagegen gerichteter Abwehrstrategien des Opfers an.

So wird häufig ein erheblicher Anteil der Arbeitszeit gebunden, die Qualitätsstandards von Produktion und Dienstleistungen können nicht eingehalten werden, Arbeiten müssen nachgebessert werden und Ausfallzeiten durch Überstunden oder Ersatzkräfte kompensiert werden.

Erreicht der Mobbingkonflikt verschiedene hierarchische Ebenen in der betrieblichen Struktur – Betriebsleitung, Geschäftsführung, Personal-/ Rechtsabteilung, arbeitsmedizinische Dienste etc. - werden auch hier Arbeitskraft und Arbeitszeit in Anspruch genommen. Ebenso bei der Beschäftigung von Betriebsrat und Personalvertretung mit dem Problem.

Da Mobbing allgemein das Betriebsklima beeinträchtigt, weil in der Regel nicht nur Täter und Opfer betroffen sind, entstehen weitere mittelbare Kosten, z. B. durch

- die Verschlechterung des Betriebsklimas,
- fehlende Leistungsmotivation,
- Mängel in der Produktqualität,
- nachlassende Arbeitsproduktivität,
- steigende Produktionskosten und
- mangelnde Flexibilität der Belegschaft.

3.3 Auswirkungen auf die Volkswirtschaft

Aktuelle Schätzungen gehen davon aus, dass jährlich etwa 1,2 Millionen Beschäftigte Mobbing ausgesetzt sind. Über ein ganzes Berufsleben hochgerechnet kann von einer Mobbing – Quote von über 10 % ausgegangen werden, d. h. mehr als jeder zehnte Beschäftigte wird im Laufe seiner Erwerbstätigkeit gemobbt.

Die Kosten der sozialen Sicherungssysteme für die Betroffenen werden auf 20 bis 25 Milliarden € jährlich geschätzt.

Volkswirtschaftliche Kosten, z. B.

- Krankengeld
- Arbeitslosengeld
- Frühverrentung
- Umschulungsmaßnahmen
- Wiedereingliederungsmaßnahmen
- Lohnfortzahlung
- Leistungen des Sozialamts
- Gerichtskosten
- Erwerbsunfähigkeit
- Einnahmeverlust der Sozialkassen

4 Mobbinghandlungen und rechtliche Bewertung

4.1 Allgemein

Spezielle Rechtsvorschriften zum Schutz von Mobbingbetroffenen gibt es in Deutschland nicht. Ein Anti – Mobbinggesetz existiert nicht; entsprechende Absichten im politischen Raum sind zurzeit auch nicht erkennbar.

Das Beschäftigtenschutzgesetz (BeschSchG) vom 24.06.1994 enthielt keine entsprechenden Regelungen sondern hatte seinen Schwerpunkt im Schutz der Beschäftigten vor sexueller Belästigung am Arbeitsplatz.

> „Ziel des Gesetzes ist die Wahrung der Würde von Frauen und Männern durch den Schutz vor sexueller Belästigung am Arbeitsplatz. (§ 1 Abs. 1, BeschSchG)
>
> Arbeitgeber und Dienstvorgesetzte haben die Beschäftigten vor sexueller Belästigung am Arbeitsplatz zu schützen. Dieser Schutz umfasst auch vorbeugende Maßnahmen. (§ 1 Abs. 2, BeschSchG)
>
> Sexuelle Belästigung am Arbeitsplatz ist eine Verletzung der arbeitsvertraglichen Pflichten oder ein Dienstvergehen. (§ 2, Abs. 3, BeschSchG)
>
> Die betroffenen Beschäftigten haben das Recht, sich bei den zuständigen Stellen des Betriebs oder der Dienststelle zu beschweren, wenn sie sich vom Arbeitgeber, von Vorgesetzten, von anderen Beschäftigten oder von Dritten am Arbeitsplatz sexuell belästigt fühlen. (§ 3 Abs. 1, BeschSchG)
>
> Ergreift der Arbeitgeber oder Dienstvorgesetzte keine oder offensichtlich ungeeignete Maßnahmen zur Unterbindung der sexuellen Belästigung, sind die belästigten Beschäftigten berechtigt, ihre Tätigkeit am betreffenden Arbeitsplatz ohne Verlust des Arbeitsentgelts und der Bezüge einzustellen, soweit dies zu ihrem Schutz erforderlich ist. (§ 4 Abs. 2, BeschSchG)“

Sexuelle Belästigung wird man auch unter dem Begriff Mobbing subsumieren können, stellt aber nur einen – wenn auch schwerwiegenden – Tatbestand im Katalog der Mobbinghandlungen dar.

„Arbeitsrechtlich von großer Tragweite ist, dass sexuelle Belästigung am Arbeitsplatz gesetzlich als Verletzung der arbeitsvertraglichen Pflichten bzw. als Dienstvergehen angesehen wird. (§ 2 Abs. 3, BeschSchG) Damit ist die Grundlage für weitreichende Sanktionen gegenüber belästigenden Arbeitnehmern, aber auch gegenüber Arbeitgebern als „Täter“ gegeben, von der Rüge über die Abmahnung bis zur außerordentlichen Kündigung. Handelt es sich um eine strafbare Handlung oder eine andere Handlung, durch die die Persönlichkeitsrechte der betroffenen Beschäftigten verletzt werden, kommt darüber hinaus auch eine Strafanzeige oder eine Klage auf Schadensersatz in Betracht. (*Pulte*, Beteiligungsrechte, S. 215)

Auch das allgemeine Gleichbehandlungsgesetz (AGG) vom 02.12.2006 erfasst Tatbestände von Mobbinghandlungen z. B. Benachteiligung, Belästigung, Anfeindung, Beleidigung, sexuelle Belästigung.

Ebenso enthält auch das allgemeine Arbeitsschutzrecht entsprechende Elemente. Im sozialen Arbeitsschutz beispielsweise den Schutz von Jugendlichen, Schwerbehinderten und Müttern, im technischen Arbeitsschutz eine Fülle von Schutzmaßnahmen bei der Anwendung technischer Einrichtungen für den Umgang mit Gefahrstoffen und allgemein für die Arbeitsplatzgestaltung.

Dazu gehört auch die Verpflichtung des Arbeitgebers, alle für den Unfall- und Gesundheitsschutz erforderlichen Maßnahmen zu treffen. Dies gilt auch für die entsprechenden Schutzvorschriften des Betriebsverfassungsgesetzes und der Personalvertretungsgesetze des Bundes und der Länder.

Arbeitgeber, Betriebsrat und Sprecherausschuss haben eine grundsätzliche Überwachungspflicht dahingehend, dass alle Arbeitnehmer gleichbehandelt werden (§ 75 Abs. 1 BetrVG und § 27 SprAuG).

Diese Verpflichtung fordert ein allgemeines Eintreten für die Einhaltung dieser Grundsätze und die aktive Unterbindung von festgestellten Verstößen.

Daraus folgt, dass Arbeitgeber und betriebliche Interessenvertretung auch selbst nicht gegen diese Bestimmungen handeln dürfen.

Die Verpflichtung, die sich nicht zuletzt aus den im Grundgesetz (GG) festgelegten Schutz der Menschenwürde ergibt, beinhaltet auch eine generelle Mobbingschutzpflicht gegenüber den im Betrieb Tätigen gegen Angriffe auf ihre Psyche und auf ihre soziale Stellung.

Auch die Personalvertretungsgesetze verpflichten Dienststelle und Personalvertretung in ähnlicher Weise.

„Der Personalrat hat aus dieser Verpflichtung heraus auch darüber zu wachen, dass der Dienststellenleiter und alle anderen zu Entscheidungen in

Angelegenheiten der Beschäftigten befugten Personen und Verwaltungsinstanzen die Angehörigen der Dienststelle nach Recht und Billigkeit behandeln... Soweit sich die Forderung an den öffentlichen Arbeitgeber bzw. Dienstherren richtet, handelt es sich hierbei um eine besondere Ausprägung seiner arbeits- bzw. beamtenrechtlichen Fürsorgepflicht:" (*Altvater*, Basiskommentar BPersVG, S. 227)

Auch die Beteiligung von Betriebsrat und Personalrat in den Bereichen Arbeitsschutz und Gesundheitsförderung beinhaltet eine entsprechende Schutzpflicht, die aber zunächst nur zwischen den Beteiligten durchgesetzt werden kann. Für betroffenen Beschäftigte erwächst daraus kein unmittelbar begründeter individualrechtlicher Anspruch.

4.2 Mobbing im Individualarbeitsrecht

Mobbing findet sowohl horizontal, d. h. unter den Beschäftigten, als auch vertikal durch Vorgesetzte statt, daneben im geringen Umfang auch von Untergebenen gegen Vorgesetzte. Die rechtlichen Konsequenzen in Bezug auf Unterlassung, Widerruf, Schadensersatz und Arbeitsvertrag sind dabei weitgehend in vielen Bereichen gleich.

In Ermangelung spezifischer Mobbingvorschriften richten sich Ansprüche des Opfers gegen einen mobbenden Arbeitgeber oder mobbende Kollegen nach den allgemeinen Regelungen des Haftungs- und Arbeitsrechts. Daneben räumt § 15 AGG dem Opfer zusätzliche Anspruchsmöglichkeiten ein. Unterschiede ergeben sich daraus, dass zwischen dem Arbeitnehmer und dem Arbeitgeber ein Arbeitsvertrag mit ausgestalteten gegenseitigen Rechten und Pflichten besteht, die in Fällen von Mobbing Abwehrmaßnahmen des Opfers vom Verlassen des Arbeitsplatzes bis zur Eigenkündigung rechtfertigen.

Dagegen sind Ansprüche gegen mobbende Arbeitskollegen ausschließlich auf Unterlassung und Schadensersatz begrenzt, abgesehen von der Möglichkeit strafrechtlicher Folgen.

4.2.1 Rechtliche Ansprüche bei Mobbing durch Kollegen

Grundsätzlich sind entsprechende Ansprüche vor den Arbeitsgerichten geltend zu machen.

Diese sind gemäß § 2 Abs. 1 Nr. ArbGG zuständig für bürgerliche Rechtsstreitigkeiten zwischen Arbeitnehmern aus gemeinsamer Arbeit und aus unerlaubten Handlungen soweit diese mit dem Arbeitsverhältnis im Zusammenhang stehen.

Als Anspruchsgrundlage kommen insbesondere, wie in vielen Bereichen auch bei Mobbing durch den Arbeitgeber, die Vorschriften des BGB infrage.

Im Einzelnen werden durch das BGB bestimmt:

- § 253, Abs. 2 Immaterieller Schaden
- § 611a, Abs. 1 und 2 Geschlechtsbezogene Benachteiligung
- § 612a Maßregelungsverbot
- § 823, Abs. 1 Schadensersatzpflicht
- § 826 Sittenwidrige vorsätzliche Schädigung
- § 1004 Beseitigungs- und Unterlassungsanspruch

Für deliktische Schadensersatzansprüche gibt § 823 Abs. 1 BGB die entsprechende rechtliche Grundlage.

Danach hat derjenige Schadensersatz zu leisten, der Leben, Körper, Gesundheit, Freiheit, Eigentum oder sonstige Rechte eines anderen verletzt. „Der Verleumder oder Denunziant schuldet in solchen Fällen nach den allgemeinen Regeln Unterlassung, Widerruf sowie Ersatz des materiellen wie immateriellen Schadens, soweit seine Handlung nicht durch überwiegende Interessen gerechtfertigt ist. (*Benecke*, RN 214)

Der Mobber kann verpflichtet werden, dem Opfer den Verdienstausfall zu ersetzen, der diesem durch den Verlust des Arbeitsplatzes entstanden ist.

Stellt § 823 BGB auf die Verletzung bestimmter definierter Rechtsgüter ab, dehnt § 826 BGB die Schadensersatzpflicht auf jede sittenwidrige Mobbinghandlung aus, durch die ein materieller oder ideeller Schaden entstanden ist. Danach ist ein Verhalten sittenwidrig, wenn es gegen das Anstandsgefühl aller billig und gerecht Denkenden verstößt.

„Sittenwidrig sind u. a. folgende Mobbinghandlungen:

- Ausübung privater Zwangsgewalt wie Nötigung und Bedrohung
- Beleidigende und demütigende Behandlung
- Öffentliche Anprangerung und Bloßstellung
- Aufforderung zum Suizid
- Missachtung des sexuellen Selbstbestimmungsrechts
- Herbeiführung, Verschlimmerung oder Nichtachtung gesundheitlicher Beeinträchtigung und anderweitige maßlose Verfolgung
- Sabotage
- Psychiatrisierung
- Planmäßiges Zusammenwirken zur Schädigung Dritter (kollusives Zusammenwirken)

- Ausschluss anderer Handlungsmotive als die Behinderung oder Schädigung des Betroffenen
- Sonstige schikanöse und diskriminierende Vorgehensweise
- Sonstige unangemessene Einflussnahme und Anwendung verwerflicher Mittel
- Missbräuchliche Einspannung oder Umgehung des Rechts, generelle Missachtung der Rechtsordnung
- Missachtung der vom Mobbingopfer erwirkten Gerichtsurteile
- Sonstige rücksichtslose, sachfremde und missbräuchliche Ausübung von Machtpositionen“

(*Wickler*, S. 81)

Diese Grundsätze gelten nicht nur in Bezug auf einen einzelnen Mobber, sondern auch bei Mobbing durch eine Gruppe von Beschäftigten.

Neben der Forderung nach Schadensersatz und Schmerzensgeld kann der Mobber auf Unterlassung und Widerruf ehrverletzender, verleumderischer Behauptungen und Unterlassung bestimmter Mobbinghandlungen verpflichtet werden.

Keine Möglichkeit besteht für das Opfer, beim Arbeitgeber bestimmte personelle Sanktionen gegen den oder die Mobber durchzusetzen.

Arbeits- oder dienstrechtliche Maßnahmen obliegen ausschließlich dem Arbeitgeber; er entscheidet über konkrete Maßnahmen zur Verhinderung oder Beseitigung innerbetrieblicher Konflikte.

Zwar kann sich durch eine Nichtreaktion auf eine Mobbingsituation ein Schadensersatzanspruch für den Betroffenen ergeben; für die Forderung nach arbeitsrechtlichen Maßnahmen wie Abmahnung, Umsetzung, Versetzung oder Kündigung besteht für den Geschädigten keine Anspruchsgrundlage.

Davon unberührt bleibt die Möglichkeit des Betriebsrates gemäß § 104 BetrVG vom Arbeitgeber die Versetzung oder Entlassung eines den Betriebsfrieden nachhaltig störenden Beschäftigten zu fordern. Ebenso konnte man die Regelung in § 4 Abs. 1 Satz 1 BeschSchG, nach der der Arbeitgeber bei sexueller Belästigung im Einzelfall angemessene personelle Maßnahmen zu ergreifen hatte als Spezialregelung für den eng begrenzten Bereich sexueller Belästigung betrachten.

Aber auch diese Vorschrift räumte den Betroffenen nicht das Recht ein, von sich aus bestimmte Maßnahmen zu fordern.

4.2.2 Ansprüche gegen den Arbeitgeber bei Mobbing durch Kollegen

Haftbar macht sich der Arbeitgeber dadurch, dass ihm zum einen das Verhalten seiner Beschäftigten zugerechnet werden kann und zum anderen durch eigenes Verschulden, wenn er – in Kenntnis von Mobbinghandlungen – diese nicht unterbindet.

Grundlagen sind neben der Schadensersatzpflicht nach § 323 BGB die Bestimmungen zur Haftung für Verrichtungsgehilfen (§831 BGB) und zur Verantwortlichkeit des Schuldners für Dritte (§ 278 BGB).

§ 278 BGB Verantwortlichkeit des Schuldners für Dritte

„Der Schuldner hat ein Verschulden seines gesetzlichen Vertreters und der Personen, deren er sich zur Erfüllung seiner Verbindlichkeit bedient, in gleichem Umfang zu vertreten wie eigenes Verschulden. Die Vorschrift des § 276 Abs. 3 findet keine Anwendung.“

4.2.2.1 Mobbing durch Verrichtungsgehilfen

Handelt es sich beim Arbeitgeber um eine natürliche oder auch um eine juristische Person, haften diese für mobbende Beschäftigte (Gehilfen).

„Gehilfen des Arbeitgebers bei der Erfüllung der Pflichten aus dem Arbeitsvertrag sind dabei zunächst einmal grundsätzlich die Vorgesetzten des Mobbingopfers. Schuldhaftes Verhalten eines Erfüllungsgehilfen wird aber nur dann zugerechnet, wenn dieses in innerem Zusammenhang mit den im Hinblick auf die Vertragserfüllung zugewiesenen Aufgaben und nicht nur bei Gelegenheit dieser Aufgaben erfolgt ist.“ (*Wickler*, Seite 218)

Juristische Personen werden durch ihre verfassungsmäßig berufenen Organe tätig, für deren Handlungen hat der Arbeitgeber einzustehen (Repräsentantenhaftung).

Dabei muss jedoch ein direkter Zusammenhang zwischen der aufgetragenen Verrichtung und der Mobbinghandlung bestehen. Dies kann regelmäßig bei arbeitsrechtlichen Maßnahmen angenommen werden, beispielsweise bei Ausübung des Direktionsrechtes, Abordnungen, Versetzungen, Zurückstufungen, Abmahnungen etc.

Kann der Arbeitgeber jedoch nach § 831 Abs. 1, Satz 2 BGB nachweisen, dass er bei der Auswahl seines Personals die erforderliche Sorgfalt beachtet hat, so kann das für ihn ein Entlastungsbeweis sein (Exkulpation). Dic Beweislast für die sorgfältige Auswahl und pflichtgemäße Kontrolle seiner Gehilfen liegt jedoch beim Arbeitgeber, nicht beim Geschädigten.

Arbeitgeber und ihre mobbenden Beschäftigten haften dabei dem Opfer als Gesamtschuldner. Dabei kann im Einzelfall im Rahmen des innerbetrieblichen Schadensausgleiches die Haftung des Arbeitnehmers gegenüber dem Arbeitgeber eingeschränkt sein oder auch ganz entfallen.

4.2.2.2 Mobbing durch Organisationsverschulden

Der Arbeitgeber hat seinen Betrieb so zu organisieren, dass – soweit eben möglich – keiner seiner Arbeitnehmer physisch und psychisch geschädigt wird.

„Unabhängig von der Frage der Zurechnung des Verhaltens Dritter muss der Arbeitgeber dem mit ihm in einem Arbeitsverhältnis stehenden Mobbingopfer bei Angriffen aber auch aus dem Gesichtspunkt der eigenen schuldhaften Pflichtverletzung haften, wenn er sein Unternehmen nicht so organisiert hat, dass die systematische Verletzung von Persönlichkeitsrechten von bei ihm beschäftigten Arbeitnehmern ausgeschlossen oder diese bei Kenntnis von deren Auftreten nicht unverzüglich unterbunden wird. Dies hat gleichermaßen für den privatrechtlichen als auch den öffentlich- rechtlichen Arbeitgeber zu gelten.“ (*Wickler*, Seite 219)

Dabei sind die betrieblichen Strukturen im Sinne einer wirksamen Mobbingprävention zu organisieren, unabhängig vom Auftreten eines spezifischen Mobbingfalles.

Tritt Mobbing auf und werden Mobbinghandlungen bekannt, sind entsprechende Interventionsmaßnahmen vorzusehen.

Maßnahmen betrieblicher Prävention und Intervention können sein:

- Information der Belegschaft
- Schulungsveranstaltungen
- Bestellung von Mobbingschutzbeauftragten
- Betriebs- oder Dienstvereinbarungen
- Mobbingverbot im Arbeitsvertrag
- Mobbingverbot als Leitlinie des Unternehmens / der Behörde

Die arbeitsvertragliche Fürsorgepflicht des Arbeitgebers oder des öffentlich – rechtlichen Dienstherrn schließt auch einen umfassenden Schutz vor Angriffen Dritter ein.

Ermöglichen betriebliche Strukturen und Organisationsabläufe Mobbing, fehlen Präventionsmaßnahmen und Interventionsinstrumente, kann der Arbeitgeber seine Fürsorgepflicht damit schon verletzen, auch wenn er selbst nicht direkt am Mobbing beteiligt ist.

Kein Organisationsverschulden liegt vor, wenn durch allgemein krisenhafte wirtschaftliche Entwicklungen branchenspezifische Probleme, Verlegung der Produktion ins Ausland, Managementfehler z. B. durch veraltete Produkte, fehlerhafte Marktorientierung usw. in der Belegschaft verstärkt Sorgen um den Erhalt des Arbeitsplatzes entstehen.

„Die Anforderungen an die Organisationspflichten des Arbeitgebers dürfen jedoch nicht zu pauschal überspannt werden. So wird es dem Arbeitgeber kaum möglich sein, durch reine Maßnahmen der Aufsicht und Organisation alle Animositäten zu vermeiden, die beim Zusammenarbeiten von Menschen entstehen. Ebenfalls ergibt sich eine Haftung nicht bereits aus Strukturen, die Mobbing erfahrungsgemäß begünstigen, z. B. starkem Leistungsdruck und streng hierarchischen Strukturen." (*Benecke*, Rn. 239)

4.2.3 Gestaltungsrechte

Duldet der Arbeitgeber Mobbing, kommen für das Opfer folgende Möglichkeiten der Gegenwehr infrage:

- Innerbetriebliches Beschwerderecht
- Beschwerde bei der Arbeitsschutzbehörde
- Abmahnung des Arbeitgebers
- Gerichtlicher Unterlassungsanspruch (einstweilige Verfügung)
- Zurückbehaltungsrecht an der Arbeitsleistung
- Eigenkündigung

4.2.3.1 Innerbetriebliches Beschwerderecht

Ein allgemeines Beschwerderecht ergibt sich grundsätzlich aus der arbeitsvertraglichen Fürsorgepflicht des Arbeitgebers.

Darüber hinaus ist das Beschwerderecht ausdrücklich in § 84 BetrVG, § 17 Abs. 2 ArbSchG und § 13 Abs. 1 AGG geregelt, ebenso in § 68 Abs. 1 Nr. 3 BPersVG.

Adressat der Beschwerde wird zunächst der direkte Vorgesetzte sein; der Beschäftigte kann sich aber auch direkt an die Betriebsleitung, die Geschäftsführung oder die Dienstellenleitung wenden. Das wird immer dann sinnvoll sein, wenn sich die Beschwerde gegen den direkten Vorgesetzten richtet, der selbst mobbt oder gegen Mobbing nicht einschreitet.

Die Beschwerde ist nicht zuletzt aus Gründen der rechtlichen Absicherung wichtig, damit der Arbeitgeber Kenntnis von der Mobbingsituation erhält.

Der Beschwerdeführer hat einen Anspruch auf Prüfung der Beschwerde und auf die Mitteilung des Ergebnisses. Ebenfalls besteht das Recht auf

Beschwerde beim Betriebsrat (§ 85 BetrVG) oder bei der Personalvertretung (§ 68 Abs. 1 Nr. 3 BPersVG).

Dadurch sichert sich das Opfer gegebenenfalls eine entsprechende Unterstützung seiner Beschwerde. Gleichzeitige Beschwerde bei der Interessenvertretung und beim Arbeitgeber ist zulässig.

„Eine Ausübung des innerbetrieblichen Beschwerderechts ist den Mobbingbetroffenen dann zu empfehlen, wenn das Mobbing von Arbeitskollegen oder Vorgesetzten ausgeht und nicht erkennbar vom Arbeitgeber gesteuert oder gebilligt wird. Zum einen besteht die Möglichkeit, dass sich der Arbeitgeber schützend vor den Beschwerdeführer stellt und Maßnahmen zur Unterbindung des Mobbings ergreift. Zum anderen können sich nachteilige Folgen für die Rechtsposition des Mobbingbetroffenen aus dem Unterlassen einer ihm möglichen und zumutbaren Beschwerde ergeben." (*Lorenz*, Seite 67)

4.2.3.2 Beschwerde bei der Arbeitsschutzbehörde

Eine Mobbingbeschwerde kann auch an die zuständige Arbeitsschutzbehörde gerichtet werden.

§17 Abs. 2 ArbSchG Rechte der Beschäftigten

„Sind Beschäftigte aufgrund konkreter Anhaltspunkte der Auffassung, dass die vom Arbeitgeber getroffenen Maßnahmen und bereitgestellten Mittel nicht ausreichen, um die Sicherheit und den Gesundheitsschutz bei der Arbeit zu gewährleisten, und hilft der Arbeitgeber darauf gerichteten Beschwerden von Beschäftigten nicht ab, können sich diese an die zuständige Behörde wenden. Hierdurch dürfen den Beschäftigten keine Nachteile entstehen."

Dabei erfasst das Arbeitsschutzgesetz nicht nur Maßnahmen zur Verhütung von Unfällen usw., sondern dient allgemein dem Schutz der körperlichen und psychischen Gesundheit der Beschäftigten. Der besondere Schwerpunkt von Mobbinghandlungen im Bereich kommunikativer Angriffe lässt sich jedoch im Allgemeinen durch die vorrangig im technischen, naturwissenschaftlichen Bereich vorgesehenen Kontrollen und Kompetenzen der Arbeitsschutzbehörden nur bedingt erfassen.

Eine Beschwerde macht deshalb weitgehend nur Sinn, wenn sie sich etwa auf die schikanöse Zuweisung eines gesundheitsgefährdenden Arbeitsplatzes bezieht.

4.2.3.3 Abmahnung des Arbeitgebers

Mobbingopfer können ihren Arbeitgeber, der selbst mobbt oder nicht gegen Mobbing einschreitet, abmahnen.

Liegt der Zweck einer Abmahnung eines Arbeitnehmers durch den Arbeitgeber darin, auf die Gefährdung der Fortführung des Arbeitsverhältnisses hinzuweisen, so wird eine Abmahnung wegen Duldung von Mobbinghandlungen immer verbunden sein mit dem Entschluss des Arbeitnehmers zur außerordentlichen Eigenkündigung.

Dies bedeutet für das Opfer eine möglichst lückenlose sachliche und zeitliche Darstellung der Mobbinghandlungen, der beteiligten Beschäftigten und im Regelfall den Hinweis auf eine beabsichtigte Eigenkündigung. Dem Grundsatz der Verhältnismäßigkeit der Mittel entsprechend sollte der Arbeitgeber vor einer solchen Abmahnung durch vorangegangene Beschwerden über die Mobbingvorfälle informiert sein.

4.2.3.4 Gerichtlicher Unterlassungsanspruch (einstweilige Verfügung)

Zur Durchsetzung eines Unterlassungsanspruches gegen den Mobber kann das Opfer eine einstweilige Verfügung erwirken.

Voraussetzung für eine Eilentscheidung dürften dann aber andauernde, schwerwiegende Verletzungen elementarer Persönlichkeitsrechte des Betroffenen mit erheblichen gesundheitlichen Folgen sein. Das Opfer sollte sinnvollerweise noch im Arbeitsprozess sein.

Deshalb wird diese Möglichkeit häufig von den Betroffenen nicht wahrgenommen werden können.

4.2.3.5 Zurückbehaltungsrecht an der Arbeitsleistung

„Für mobbingbetroffene Mitarbeiter ergibt sich das Recht zur Zurückbehaltung der Arbeitsleistung aus § 273 Abs. 1 BGB. Der Beschäftigte ist nach dieser Vorschrift berechtigt, seine Arbeitsleistung zurückzubehalten, um den Arbeitgeber zur Erfüllung einer ihm obliegenden fälligen Vertragspflicht aus dem Dienstverhältnis anzuhalten.“ (*Lorenz*, Seite 68)

Dabei müssen folgende Voraussetzungen erfüllt sein:

- Mobbingbeschwerde zur Information des Arbeitgebers
- Ankündigung der Zurückbehaltung
- Einräumung einer angemessenen Frist

Ohne diese Voraussetzungen kann der Arbeitgeber wegen Arbeitsverweigerung kündigen und die Zahlung des Arbeitsentgelts einstellen, da der Tatbestand Mobbing keinen Sonderkündigungsschutz darstellt.

„Unbestritten ist, dass einem Mobbingbetroffenen im konkreten Einzelfall das Recht zustehen kann, seine Arbeitsleistung zurückzubehalten, ohne dass der Arbeitgeber hierdurch von seiner Verpflichtung zur Entgeltzahlung befreit wird. Seine gesetzliche Regelung findet dieser Anspruch in § 273 BGB. Von diesem Recht sollte nur nach vorheriger Rechtsberatung Gebrauch gemacht werden. Schließlich kann der Arbeitgeber das Zurückbehaltungsrecht in Abrede stellen und den betreffenden Arbeitnehmer mit dem Vorwurf des unentschuldigten Fehlens konfrontieren, was unter Umständen mit einer fristlosen Kündigung sanktioniert werden kann.“ (*Wolmerath*, Mobbing im Fokus, S. 337)

Zu beachten ist, dass bei Kollegenmobbing zunächst nicht der Arbeitgeber direkt verantwortlich ist. Es muss also sein Verschulden nachweisbar sein, insbesondere eine massive Verletzung seiner Fürsorgepflicht durch Nichtreaktion trotz Kenntnis der Situation und trotz der Möglichkeit des Eingreifens, z. B. durch Sanktionierung der Mobbingtäter.

4.2.3.6 Außerordentliche Eigenkündigung

Als letzte Konsequenz bei Fortsetzung der Mobbingsituation bleibt dem Betroffenen die Möglichkeit der arbeitnehmerseitigen Kündigung.

Dem Arbeitnehmer stehen dabei folgende Möglichkeiten zur Verfügung:

Aufhebungsvertrag
§ 623 BGB

Ordentliche Kündigung
§ 622 BGB

Außerordentliche Kündigung
§ 626 BGB

Bei Mobbing, das von anderen Beschäftigten ausgeht und bei dem sich der Arbeitgeber Organisationsverschulden vorwerfen lassen muss, kommt insbesondere die fristlose außerordentliche Kündigung in Betracht.

§ 626 Abs. 1 BGB Fristlose Kündigung aus wichtigem Grund

„Das Dienstverhältnis kann von jedem Vertragsteil aus wichtigem Grund ohne Einhaltung einer Kündigungsfrist gekündigt werden, wenn Tatsachen vorliegen, aufgrund derer dem Kündigenden unter Berücksichtigung aller Umstände des Einzelfalles und unter Abwägung der Interessen beider Vertragsteile die Fortsetzung des Dienstverhältnisses bis zum Ablauf der Kündigungsfrist oder bis zu der vereinbarten Beendigung des Dienstverhältnisses nicht zugemutet werden kann."

Die außerordentliche Kündigung setzt aber beim Kollegenmobbing immer eine entsprechende Information, Abmahnung etc. des Arbeitgebers voraus.

Der Arbeitnehmer hat entsprechend § 626 Abs. 2 BGB neben der Frist von zwei Wochen auch die Auswirkungen auf seinen Anspruch auf Arbeitslosenunterstützung und Krankengeld zu berücksichtigen. Er muss eventuell nach § 144 Abs. 1. Nr. 1 SGB III mit entsprechenden Sperrfristen durch die Agentur für Arbeit rechnen.

Hilfreich ist dabei die Vorlage der an den Arbeitgeber gerichteten Beschwerde oder gegebenenfalls der Abmahnung sowie von ärztlichen Attesten über bereits eingetretene gesundheitliche Beeinträchtigungen.

Liegt nachweisbar der Grund für die Eigenkündigung in schuldhaftem vertragswidrigem Verhalten des Arbeitgebers oder von Beschäftigten, deren Verhalten ihm zuzurechnen ist, so steht dem Arbeitnehmer Ersatz für den durch den Verlust des Arbeitsplatzes entstehenden Verdienstausfalles zu. Der Anspruch auf Schadensersatz beschränkt sich jedoch auf die Fristen bei einer ordentlichen Kündigung.

4.2.4 Ansprüche des Arbeitgebers bei Kollegenmobbing

4.2.4.1 Schadensersatzansprüche

Auch dem Arbeitgeber können durch Mobbing erhebliche Kosten entstehen, neben zum Teil beträchtlichem materiellen auch immaterielle Schädigungen wie Ansehens- und Imageverlust bei Mitarbeitern oder auch Kunden, beispielsweise durch eine Berichterstattung in den Medien.

Anspruchsgrundlage für entsprechende Ansprüche ist die arbeitsrechtliche Treuepflicht der Beschäftigten. Diese verpflichtet zur Unterlassung von Handlungen, die den Arbeitgeber und andere Beschäftigte schädigen.

Die Schadensersatzpflicht des Mobbers gegenüber dem Arbeitgeber ergibt sich auch aus § 280 BGB und 241 Abs. 1 BGB. Die Schadensersatzpflicht erstreckt sich auf sämtliche Schäden, die dem Arbeitgeber durch Mobbing entstehen.

Dabei sind die gewohnheitsrechtlichen Regelungen des innerbetrieblichen Schadensausgleiches, die zu einer privilegierten, d. h. eingeschränkten Haftung des Arbeitnehmers führen können, unbeachtlich. Beim Mobbing handelt es sich nicht um ein allgemeines berufliches Risiko in engem Zusammenhang mit dem Betrieb.

„Die mögliche Lösung, alle Mobbinghandlungen als betrieblich veranlasst zu sehen, führt ebenfalls nicht zum richtigen Ergebnis, weil damit mobbenden Kollegen die Wohltaten der Arbeitnehmerhaftung zugute kämen, die sie nicht verdient haben. Stattdessen ist es gerechtfertigt, Mobbinghandlungen grundsätzlich aus dem Anwendungsbereich der privilegierten Haftung herauszunehmen." (*Benecke*, Rn. 282)

4.2.4.2 Gestaltungsrechte

Der Arbeitgeber verfügt über folgende arbeitsrechtliche Sanktionierungsmöglichkeiten gegenüber einem mobbenden Beschäftigten

- Ermahnung, Rüge, Verwarnung
- Abmahnung
- Umsetzung
- Abordnung, Versetzung
- Änderungskündigung
- Ordentliche Kündigung
- Außerordentliche Kündigung
- Suspendierung

Dabei richten sich die Maßnahmen nach der Form und Intensität der Mobbinghandlungen und nach der Schwere der Folgen für das Opfer.

Durch Rüge, Verwarnung, Ermahnung und Abmahnung wird dem Arbeitnehmer deutlich gemacht, dass sein Verhalten missbilligt wird, er gegen seine arbeitsvertraglichen und sonstigen Pflichten verstößt und dies Konsequenzen haben kann.

Haben Ermahnung, Rüge und Verwarnung zunächst keine formalen Konsequenzen für den Fortbestand des Arbeitsverhältnisses, enthält die Abmahnung einen rechtlich relevanten Hinweis auf eine drohende Kündigung (Hinweisfunktion); sie ist im Regelfall Voraussetzung für eine Kündigung (Warnfunktion).

Die durch Mobbing herbeigeführte nachhaltige Störung im Leistungs- und Vertrauensverhältnis zwischen Arbeitskollegen und zwischen den mobbenden Beschäftigten und dem Arbeitgeber kann bereits ein Kündigungsgrund sein.

Da es sich bei Mobbing jedoch um ein steuerbares, d. h. zu unterlassendes Verhalten handelt, erfolgt die Abmahnung in der Hoffnung auf eine Verhaltensänderung des mobbenden Beschäftigten.

Durch eine Umsetzung, Versetzung oder Änderungskündigung kann eine räumliche und organisatorische Distanz zwischen Mobber und Opfer geschaffen werden. Diese Maßnahmen entsprechen der Verpflichtung des Arbeitgebers, durch betriebliche Organisation Mobbing zu verhindern.

Der Wechsel des Arbeitsplatzes wird im Allgemeinen innerbetrieblich als deutliche repressive Maßnahme gegen den Täter wahrgenommen werden.

Dabei fällt die Umsetzung nicht unter die Beteiligung von Betriebsrat und Personalvertretung; eine Versetzung setzt – von Ausnahmefällen abgesehen – deren Zustimmung voraus.

Dies gilt auch für die Änderungskündigung. Mit der Kündigung erhält der Arbeitnehmer das Angebot, das Beschäftigungsverhältnis unter veränderten inhaltlichen, räumlichen und organisatorischen Bedingungen fortzusetzen (vgl. § 2 KSchG).

Eine entsprechende Maßnahme gegenüber dem Opfer entspricht zwar dem Beurteilungsspielraum des Arbeitgebers, würde aber u. a. dem Anspruch des Opfers auf innerbetriebliche soziale Rehabilitation widersprechen.

Sie setzt in jedem Fall dessen Zustimmung voraus, schließt jede Verschlechterung seiner Stellung im Betrieb aus und kann immer nur ein Angebot sein.

„Grundsätzlich muss der Mobber Adressat der Umsetzungs- oder Versetzungsmaßnahme sein. Der Arbeitgeber darf die Beseitigung der Mobbinglage nicht auf dem Rücken des Mobbingopfers austragen, indem er den gemobbten Arbeitnehmer eine Umsetzung oder Versetzung anbietet, die dessen persönliche Lebenssituation oder die berufliche Entwicklung verschlechtert oder gar der Fortsetzung des Mobbing Vorschub leistet.“ (*Wickler*, Seite 238)

Bei der außerordentlichen Kündigung muss es wegen erheblicher Pflichtverletzungen für den Arbeitgeber unzumutbar sein, das Arbeitsverhältnis weiter fortzusetzen.

„Eine außerordentliche Kündigung kommt in Betracht, wenn ein Grund vorliegt, der die Fortsetzung des Arbeitsverhältnisses für einen Vertragspartner unzumutbar macht (§ 626 BGB). Die außerordentliche Kündigung muss die unausweichlich letzte Maßnahme für den Kündigenden sein, d. h.

alle milderen Mittel (z. B. Versetzung, Änderungskündigung, ordentliche Kündigung) müssen erschöpft sein." (*Pulte*, Arbeitsrecht, Seite 59)

Diese Voraussetzungen wird man generell als gegeben annehmen können, wenn dem Arbeitgeber durch den mobbenden Arbeitnehmer erhebliche finanzielle Schäden z. B. durch Ansprüche des Mobbingopfers entstanden sind oder entstehen können. Dabei reicht die pauschale Begründung „Mobbing" als Kündigungsgrund nicht aus, die einzelnen Mobbinghandlungen sind zu begründen und darzulegen.

Bei der Einschätzung des Einzelfalles ist neben der Prognose des weiteren Verhaltens des Täters auch abzuklären, ob dem Arbeitgeber ein Einhalten der Fristen einer ordentlichen Kündigung zuzumuten ist (vgl. § 622 BGB).

Länger andauernde, auch durch Abmahnung nicht beendigte Mobbingaktionen lassen im Regelfall auf eine negative Prognose schließen und rechtfertigen eine außerordentliche Kündigung.

Die Beteiligungspflicht der jeweiligen betrieblichen Arbeitnehmervertretung ist dabei zu beachten.

Grundsätzlich besteht auch die Möglichkeit der Suspendierung eines mobbenden Beschäftigten.

Voraussetzung können schwerwiegende Beeinträchtigungen des Betriebs oder der Behörde z. B. im Ansehen von Kunden oder in der Öffentlichkeit sein, wenn der betreffende Arbeitnehmer weiter beschäftigt wird. Der von der Arbeitsleistung freigestellte Beschäftigte behält seinen Anspruch auf Entgeltzahlung.

Eine Suspendierung ist auch gerechtfertigt, wenn durch den Verbleib des Mitarbeiters im Betrieb die notwendige Sachaufklärung behindert, Zeugen beeinflusst oder zur Beweisführung notwendige Unterlagen manipuliert werden können. Sie stellt immer eine vorübergehende, zeitlich begrenzte Maßnahme dar, die im Regelfall mit der Kündigung oder auch mit der Rehabilitierung des betreffenden Arbeitnehmers endet.

4.2.5 Ansprüche bei Mobbing durch den Arbeitgeber

In der rein rechtlichen Dimension sind diese Ansprüche vergleichsweise deutlich und eindeutig zuzuordnen, da es nur einen Anspruchsgegner gibt, entweder eine natürliche oder eine juristische Person.

Der Arbeitgeber ist der Vertragspartner des Arbeitnehmers; innerbetriebliche und innerdienstliche Vorgesetzte sind zwar im Auftrage des Arbeitgebers dem Arbeitnehmer gegenüber weisungsberechtigt, stehen aber in keinem vertraglichen Verhältnis zu den ihnen unterstellten Beschäftigten.

Dabei sind folgende Ansprüche zu unterscheiden:

- Deliktische Ansprüche (§ 823 BGB)
- Vertragliche Ansprüche (§ 280 Abs. 1 BGB)
- Gestaltungsrechte (§ 626 BGB)

4.2.5.1 Deliktische Ansprüche und Schadensersatz

Schadensersatzansprüche begründen sich aus der Verletzung der Rechtsgüter Leben, Körper, Gesundheit, Freiheit, Eigentum und des allgemeinen Persönlichkeitsrechtes.

Bei einem durch Mobbing veranlassten Selbstmord des Opfers können Ansprüche durch die Hinterbliebenen erhoben werden. Sie reichen von Unterhaltszahlungen bis hin zum Anspruch auf Schmerzensgeld.

Schadensersatzpflicht besteht ebenso bei ärztlichen Behandlungskosten des Opfers, Ersatz von Rehabilitationsmaßnahmen wie z. B. einer Kur, fachärztlichen Gutachten und bei den Kosten, die dem Geschädigten durch die Inanspruchnahme eines Rechtsbeistandes entstehen.

Drohungen, Nötigungen, Ausübung unmittelbaren körperlichen Zwanges durch den Mobber begründen Ersatzansprüche durch Verletzung der Freiheit und der allgemeinen Persönlichkeitsrechte des Opfers.

Beschädigung, Zerstörung oder Diebstahl seines Eigentums z. B. seines Autos begründen ebenfalls einen Ersatzanspruch des Opfers. Der Schädiger hat Ersatz für Reparaturen oder Neuanschaffungen zu leisten.

Dabei können hier auch strafrechtliche Tatbestände infrage kommen (s. Kapitel 4.4).

Grundsätzlich kann der zu leistende Schadensersatz auch im Widerruf oder der Unterlassung von Mobbinghandlungen bestehen, dabei sind Umfang und zeitlicher Rahmen der Mobbingsituation zu berücksichtigen.

4.2.5.2 Vertragliche Ansprüche

Gemäß § 278 BGB haftet der Arbeitgeber für die Verhaltensweisen von ihm beauftragter Personen, die gegenüber dem Opfer als Vorgesetzte auftreten.

„Der Arbeitgeber ist verpflichtet, das allgemeine Persönlichkeitsrecht der bei ihm beschäftigten Arbeitnehmer nicht selbst durch Eingriffe in deren

Persönlichkeits- oder Freiheitssphäre zu verletzen, diese vor Belästigungen durch Mitarbeiter oder Dritte, auf die er einen Einfluss hat, zu schützen, einen menschengerechten Arbeitsplatz zur Verfügung zu stellen und die Arbeitnehmerpersönlichkeit zu fördern. Zur Einhaltung dieser Pflichten kann der Arbeitgeber als Störer nicht nur dann in Anspruch genommen werden, wenn er selbst den Eingriff begeht oder steuert, sondern auch dann, wenn er es unterlässt, Maßnahmen zu ergreifen oder seinen Betrieb so zu organisieren, dass eine Verletzung des Persönlichkeitsrecht ausgeschlossen wird." (LAG Thüringen vom 10.04.2001 – 5 Sa 403/00)

Aus dem mit dem Arbeitnehmer geschlossenen Arbeitsvertrag ergeben sich für den Arbeitgeber Pflichten für sein Verhalten, insbesondere die Fürsorgeverpflichtung, die der Treuepflicht des Beschäftigten entspricht. Diese Verpflichtung soll den Arbeitnehmer vor allen Beeinträchtigungen physischer und psychischer Art schützen und die Beachtung seiner Persönlichkeitsrechte auch am Arbeitsplatz sichern.

Neben der Einhaltung allgemeiner Arbeitschutzrichtlinien zum Schutz von Leben und Gesundheit (vgl. § 618 Abs. 1 BGB, zu den Rechtsfolgen § 618 Abs. 3 BGB) beinhaltet das Fürsorgebot auch den Schutz vor Mobbing.

„Aufgrund seiner allgemeinen Fürsorgepflicht ist der Arbeitgeber verpflichtet, den Arbeitnehmer vor ungerechter Behandlung durch Vorgesetzte, vor rechtswidrigen Handlungen von Arbeitskollegen (z. B. Beleidigungen, Körperverletzungen) zu schützen." (*Pulte*, Arbeitsrecht, Seite 21)

Die Fürsorgepflicht sichert auch den Anspruch auf Beschäftigung und im Allgemeinen auf einen seinem Arbeitsvertrag entsprechenden Arbeitsplatz; sie schützt ihn auch vor arbeitsvertragwidrigen Weisungen des Arbeitgebers und seiner Bevollmächtigten.

Zwar unterliegt der Arbeitnehmer dem Direktionsrecht, durch das die zu leistenden Arbeitspflichten konkretisiert, ausgestaltet und näher bezeichnet werden.

Das Direktionsrecht rechtfertigt jedoch keine gesundheitsgefährdenden, schikanösen, ehrverletzenden oder sonstwie die geschützten Persönlichkeitsrechte des Beschäftigten beeinträchtigenden Weisungen oder Arbeitszuweisungen.

Insbesondere dürfen sie nicht das Ziel haben, durch demütigende, den Arbeitnehmer aus dem Kreis der Beschäftigten ausgrenzende Anweisungen soweit zu bringen, dass er seinen Arbeitsplatz aufgibt.

Zu solchen Maßnahmen zählen auch innerbetriebliche Umsetzungen oder Versetzungen, die nicht sachlich gerechtfertigt sind oder dem Arbeitsvertrag nicht entsprechen, ebenso wie ungerechtfertigte Kritik, Ermahnungen und Abmahnungen.

In Abgrenzung dazu sind fehlerhafte, sachlich unzutreffende und vom Arbeitnehmer als Belastung empfundene Arbeitsanweisungen und Arbeitsaufträge nicht von vornherein als Mobbing zu bewerten.

Ebenso haben Beschäftigte objektive, im Einzelfall auch subjektive Kritik von Vorgesetzten hinzunehmen, ohne dass dadurch Schadensersatzansprüche wegen arbeitsvertraglicher Pflichtverletzungen gegenüber dem Arbeitgeber oder von ihm Beauftragten entstehen.

4.2.5.3 Gestaltungsrechte

Wie beim Kollegenmobbing haben Betroffene beim Mobbing durch den Arbeitgeber folgende weitere Möglichkeiten der Abwehr:

- Innerbetriebliches und außerbetriebliches Beschwerderecht
- Abmahnung des Arbeitgebers
- Unterlassungsansprüche
- Zurückbehaltungsrecht
- Eigenkündigung

Wie beim Mobbing durch andere Beschäftigte kann das Opfer von seinem Beschwerderecht Gebrauch machen.

Bei einer solche Beschwerde, die sich gegen einen mobbenden Arbeitgeber richtet, wird man jedoch kaum von einer objektiven Prüfung ausgehen können. Sie wird in der Regel erfolglos bleiben. Trotzdem muss sie, bevor der Beschäftigte weitere Schritte einleitet, in jedem Fall erfolgen, um spätere Ansprüche abzusichern.

Ebenso hat der Arbeitnehmer das Recht, sich an den Betriebsrat oder den Personalrat zu wenden (s. Kap.6).

Mit einer Abmahnung zeigt der Arbeitnehmer noch einmal das Fehlverhalten auf und kündigt weitere Maßnahmen bis hin zur Kündigung an.

Diese Ankündigung wird den Arbeitgeber dann zu einer Veränderung seines Verhaltens führen, wenn er auf die Arbeitskraft und die fachliche Qualifikation des Beschäftigten angewiesen ist. Der Arbeitgeber wird also abzuwägen haben, ob es ihm möglich sein wird, auf dem Arbeitsmarkt entsprechend Ersatz zu finden. Beschäftigte mit einer spezifischen fachlichen Qualifikation können sich deshalb durchaus Erfolgsaussichten von einer Abmahnung versprechen.

Soll der Arbeitnehmer durch Mobbing aus dem Betrieb oder Dienst gedrängt oder dazu gebracht werden, eine bestimmte innerbetriebliche Stellung oder Aufgabe aufzugeben, wird selbst die Ankündigung der Kündigung wahrscheinlich wirkungslos bleiben. Zeigt sich der Arbeitgeber von Beschwerde und Abmahnung unbeeindruckt, wird auch die Zurückbehaltung der Arbeitsleistung gemäß § 273 BGB die Mobbingsituation nicht verändern.

Die Erfüllung der Arbeitspflicht kann jedoch unzumutbar sein, wenn beim Opfer bereits gravierende gesundheitliche Folgen eingetreten sind. Häufig wird dies auch auf ärztliches Anraten geschehen.

„Der fällige Anspruch des Arbeitnehmers im Sinne des § 273 Abs. 1 BGB folgt dann aus der Verletzung der Fürsorgepflicht oder anderer Vertragspflichten durch Mobbinghandlungen des Arbeitgebers. Bei Vorliegen der Voraussetzungen des § 273 BGB gerät der Arbeitgeber in Annahmeverzug gemäß § 615 BGB, muss also grundsätzlich das Entgelt weiterzahlen; eine Kündigung wegen der Leistungsverweigerung ist ausgeschlossen.“ (*Benecke*, Rn. 190)

Um das Risiko der fristlosen Kündigung wegen Arbeitsverweigerung auszuschließen, sind folgende Voraussetzungen zu erfüllen:

- Beschwerde mit Hinweisen auf die Mobbinghandlungen
- Arbeitgeber muss die Möglichkeit erhalten, Abhilfe zu schaffen
- Beweis- und Belegbarkeit der Vorwürfe
- Ankündigen des Fernbleibens vom Arbeitsplatz

Die Aufkündigung des Beschäftigungsverhältnisses stellt den letzten Schritt im Mobbinggeschehen dar.

Wie beim Mobbing durch Kollegen kann das Beschäftigungsverhältnis durch einen Auflösungsvertrag oder durch eine ordentliche oder außerordentliche Kündigung beendet werden.

Ein Aufhebungsvertrag kann im gegenseitigen Einvernehmen geschlossen werden. Als freiwillige Leistung des Arbeitgebers ohne rechtlichen Anspruch ist es möglich, ihn mit einer Abfindung zu verbinden.

Zu beachten sind dabei die Sperrfristen der Arbeitsagentur gemäß § 144 Abs. 1 Nr. 1 SGB III und die Kürzung des Arbeitslosengeldes gemäß § 128 Abs. 1 Nr. 4 SGB III.

Ein Aufhebungsvertrag macht für den Betroffenen in der Regel nur Sinn, wenn dieser bereits einen neuen Arbeitsplatz gefunden hat. Für den Arbeitgeber zieht er – vom Fall einer vereinbarten Abfindung abgesehen - keine finanziellen Folgen nach sich. Schaden entsteht nur insofern, wenn der Arbeitsplatz und die fachliche Qualifikation des ausgeschiedenen Mitarbeiters auf dem Arbeitsmarkt nicht ersetzt werden können.

Dies gilt in gleicher Weise für die ordentliche fristgemäße Kündigung, die ohne Begründung jederzeit möglich ist.

Durch die ordentliche Kündigung beendet der Arbeitnehmer einseitig sein Arbeitsverhältnis mit einer Frist von vier Wochen.

In dieser Zeit kann das Opfer weiterhin Schikanen und Angriffen ausgesetzt sein, da die Arbeits- oder Dienstleistungspflicht bis zum Ende der Kündigungsfrist weiterbesteht.

In der Praxis werden häufig die gesundheitlichen Folgen des Mobbings zu diesem Zeitpunkt bereits derart gravierend sein, dass der Betroffenen aufgrund entsprechender ärztlicher Atteste dienst- oder arbeitsunfähig sein wird.

Bei der außerordentlichen Kündigung nach § 626 BGB kann diese Situation nicht entstehen, diese wird mit dem Tag des Zugangs an den Arbeitgeber wirksam. Wie bei einer Kündigung durch den Arbeitgeber setzt die außerordentliche Kündigung des Arbeitnehmers wichtige Gründe voraus, die ihm die Einhaltung von Kündigungsfristen unzumutbar machen, z. B.:

- Massive und anhaltende ehrverletzende, beleidigende und nötigende Äußerungen bzw. Anweisungen des Arbeitgebers
- Angriffe auf Leben und Gesundheit
- Zuweisung gesundheitsgefährdender Aufgaben
- Nachhaltiger arbeitsvertragswidriger Entzug wesentlicher bisher ausgeübter Tätigkeiten
- Verstoß gegen die Beschäftigungspflicht mit den Aufgaben, die dem Arbeitnehmer angemessen sind
- Erhebliche gesundheitliche Auswirkungen bis hin zu Arbeits- und Dienstunfähigkeit

Dabei ist die Frist gemäß § 626 Abs. 2 BGB zu beachten. Sie beginnt dann, wenn der Arbeitnehmer von den zur außerordentlichen Kündigung berechtigten Tatsachen Kenntnis erlangt hat, wobei bei Mobbing in der Regel von einem schon lang anhaltend bestehenden Tatbestand (Dauertatbestand) ausgegangen wird.

Weist das Opfer die Berechtigung seiner Kündigung nach, entfallen die Sperrfristen beim Bezug des Arbeitslosengeldes und es tritt die Schadensersatzpflicht gemäß § 280 Abs. 1 BGB für sämtliche vom Kläger erlittenen ideellen und materiellen Schäden ein.

4.3 Mobbing im Beamtenrecht

Auf die Beschäftigungsverhältnisse der im öffentlichen Dienst von Bund, Ländern, Gemeinden und Körperschaften tätigen Angestellten finden wie in der Privatwirtschaft die allgemeinen Bestimmungen des Arbeits- und Sozialrechts Anwendung.

Ansprüche auf Beseitigung der Mobbingfolgen und Abwehrmöglichkeiten unterscheiden sich nicht grundsätzlich und unterliegen den gleichen rechtlichen Bedingungen.

Bei beamtenrechtlichen Dienstverhältnissen ergeben sich dagegen unterschiedliche rechtliche Verfahrensweisen, sowohl bei der Frage, gegen wen Ansprüche zu richten sind als auch bei den Sanktionsmöglichkeiten des Dienstherren gegen mobbende Beamte.

4.3.1 Besonderheiten des Dienstverhältnisses von Beamten

Das Beamtenrecht prägen die sogenannten hergebrachten Grundsätze des Berufsbeamtentums (vgl. Artikel 33 Abs. 4 und 5 GG). Dazu zählen:

Treue und Gehorsamspflicht	Leistungsprinzip
Hingabe an den Beruf	Unparteiische Amtsführung
Achtungs- und vertrauenswürdiges Verhalten	Unzulässigkeit des Beamtenstreiks
Amtsverschwiegenheit	Fürsorgepflicht
Alimentation	Recht auf Beamtenvertretungen
Lebenszeitprinzip	Recht auf Einsicht in die Personalakte
Laufbahnprinzip	Gerichtlicher Rechtsschutz

Von wesentlicher Bedeutung beim Thema Mobbing ist das Haftungsprivileg von Beamten durch die Amtshaftung.

Zentral für das Beamtenverhältnis ist die Fürsorgepflicht des Dienstherrn.

§ 79 BBG Fürsorgepflicht des Dienstherrn

„Der Dienstherr hat im Rahmen des Dienst- und Treueverhältnisses für das Wohl der Beamtinnen und Beamten und ihrer Familien, auch für die Zeit nach Beendigung des Beamtenverhältnisses zu sorgen. Er schützt die Beamtinnen und Beamten bei ihrer amtlichen Tätigkeit und in ihrer Stellung."

Neben den allgemeinen Persönlichkeitsrechten des Grundgesetzes schützt die Fürsorgeverpflichtung des Dienstherrn den Beamten zusätzlich vor Mobbinghandlungen und fordert zwingend entsprechendes präventives Handeln des Dienstherrn.

Dabei reicht die beamtenrechtliche Fürsorge weiter als die arbeitsrechtliche Fürsorge des Arbeitgebers für seine bei ihm Beschäftigten.

Der für das Beamtenrecht konstitutive Fürsorgebegriff stellt einen unmittelbaren selbständigen Anspruch dar, der grundgesetzlich geschützt ist. Er besteht im Gegensatz zum Arbeitsrecht auch dann weiter, wenn der Beamte seine aktive Dienstzeit beendet hat und in den Ruhestand eintritt.

4.3.2 Mobbingrelevante Einzelansprüche und die beamtenrechtliche Fürsorgeverpflichtung

Einzelansprüche, die durch Mobbing gefährdet oder bedroht sind, können z. B. sein:

- Recht auf Anhörung und Beratung
- Berufliche Förderung des Beamten
- Amtsangemessene Alimentation
- Schutz von Leben und Gesundheit
- Schutz von Leumund und Ehre
- Schutz der politischen Unabhängigkeit des Beamten
- Schutz vor Angriffen Dritter

Verletzungen dieser dem Beamten zustehenden Rechtsgüter und Fürsorgeansprüche sind zwar als einzelne Tatbestände noch nicht als Mobbing zu bewerten sondern können Bestandteile eines Gesamtverhaltens sein, das als Mobbinggeschehen bewertet werden muss.

„Die einzelnen Handlungen sind noch kein Mobbing im Rechtssinne. Denn es fehlt an einer mehraktigen, auf psychische und soziale Destabilisierung gerichteten Persönlichkeitsrechtsverletzung. Die Mobbingdefinition ist nur dann erfüllt, wenn sich diese Handlungen laufend fortsetzen oder mit anderweitigen Mobbingtatelementen ein systematischer Zusammenhang besteht." (*Wickler*, Seite 289)

Ebenso wie beim Arbeitnehmer werden die Persönlichkeitsrechte des Beamten bereits durch das Grundgesetz garantiert, die Fürsorgeverpflichtung gemäß § 79 BBG stellt einen zusätzlichen besonderen Schutz dar.

Mit der Ernennung zum Beamten (durch Urkunde, nicht durch Arbeitsvertrag) erwirbt der Beamte einen direkten persönlichen Rechtsanspruch gegen seinen Dienstherrn.

4.3.3 Schadensersatzansprüche und Amtshaftung

Bei schuldhafter Fürsorgeverletzung des Dienstherrn durch Mobbinghandlungen oder Tolerierung von Mobbing steht dem Beamten ebenso wie dem Arbeitnehmer völliger Ersatz seiner materiellen und immateriellen Schäden zu.

Dies betrifft insbesondere den Ersatz von Sach- und Vermögensschäden, Widerruf von Ehrverletzungen, Schadensersatz für ergangene Beförderungen, Schmerzensgeld etc.

Unterlassungs- und Schadensersatzanspruch richten sich jedoch grundsätzlich immer gegen den Dienstherrn, nicht gegen einzelne Beamte oder Vorgesetzte.

Vorgesetzte des Beamten nehmen im Rahmen ihrer Dienst- und Fachaufsicht hoheitlich staatliche Befugnisse wahr, die nicht Gegenstand zivilrechtlicher Verpflichtungen und Ansprüche sein können.

So können Ansprüche, beispielsweise auf Unterlassung und Widerruf ehrverletzender, unwahrer oder nötigender Äußerungen in bezug auf das dienstliche oder auch private Verhalten des Beamten nur gegenüber dem Dienstherrn geltend gemacht werden.

Der Dienstherr haftet zunächst für seine Beschäftigten im Rahmen der Amtshaftung, gegebenenfalls kann er diese in Regress nehmen.

Der Beamte hat – wie der Arbeitnehmer – das Recht, sich zunächst mit einer Beschwerde (Dienstaufsichtsbeschwerde) an den Dienstherrn zu wenden. Dabei steht ihm der Weg bis zur obersten Dienstbehörde, z. B. einem Ministerium zu.

Zusätzlich besitzt er durch das Remonstrationsrecht gemäß § 63 BBG eine zusätzliche Beschwerdemöglichkeit.

§ 63 BBG Abs. 1 und 2 Verantwortlichkeit des Beamten, Remonstrationsrecht

> (2) „Bedenken gegen die Rechtmäßigkeit dienstlicher Anordnungen haben Beamtinnen und Beamte unverzüglich bei der oder dem unmittelbaren Vorgesetzten geltend zu machen. Wird die Anordnung aufrechterhalten, haben sie sich, wenn ihre Bedenken gegen deren Rechtmäßigkeit fortbestehen, an die nächsthöhere Vorgesetzte oder den nächsthöheren Vorgesetzten zu wenden. Wird die Anordnung bestätigt, müssen die Beamtinnen und Beamten sie ausführen und sind von der eigenen Verantwortung befreit. Dies gilt nicht, wenn das aufgetragene Verhalten die Würde des Menschen verletzt oder strafbar oder ordnungswidrig ist und die Strafbarkeit oder Ordnungswidrigkeit für die Beamtinnen oder Beamten erkennbar ist. Die Bestätigung hat auf Verlangen schriftlich zu erfolgen."

Vom Remonstrationsrecht erfasst werden auch Kenntnisse über Mobbinghandeln, die ihn nicht selbst betreffen, von denen er aber Kenntnis erhält. Unterlässt der Beamte bei Maßnahmen, die er für rechtlich bedenklich hält, die Remonstration, kann dies ein Dienstvergehen (Remonstrationspflicht) bedeuten. Wird der Beschwerde des Beamten, auch nach Ausschöpfung des gesamten Dienstweges bis zur obersten Dienstbehörde nicht stattgegeben, kann Klage vor dem Verwaltungsgericht erhoben werden.

Nach Erschöpfung des Rechtsweges bis hin zum Bundesverwaltungsgericht kann der Beamte Verfassungsbeschwerde einlegen.

Zusätzlich kann auch die zuständige Personalvertretung mit der Angelegenheit befasst werden.

Aufgrund des besonderen Rechtscharakters des öffentlich-rechtlichen Dienst- und Treueverhältnisses wird man die Abwehr von Mobbinghandlungen durch Zurückbehaltung der Arbeitsleistung für Beamte verneinen müssen. Ebenso den analog zur Kündigung im Arbeitsrecht denkbaren Antrag auf Entlassung aus dem Beamtenverhältnis.

Das Beamtenverhältnis endet mit der Entlassung durch den Dienstherrn, die Möglichkeit einer „Eigenentlassung" scheidet aus.

4.3.4 Beamtenrechtliche Sanktionen des Dienstherrn

Die schuldhafte Verletzung von Pflichten in Mobbingfällen hat für Beamte folgende Konsequenzen:

- Strafrechtliche (Vgl. § 770a StGB)
- Vermögensrechtliche (Vgl. § 75 BBG)
- Disziplinarrechtliche (Vgl. § 77 BDG)

Verletzt ein Beamter schuldhaft die ihm obliegenden Pflichten, begeht er ein Dienstvergehen (§ 77 BBG); außerdem ist er dem Dienstherrn zum Schadensersatz verpflichtet, wenn er vorsätzlich oder grob fahrlässig handelt.

§ 75 Abs. 1 BBG Schadensersatz

„Beamtinnen und Beamte, die vorsätzlich oder grob fahrlässig die ihnen obliegenden Pflichten verletzt haben, haben dem Dienstherren, dessen Aufgaben sie wahrgenommen haben, den daraus entstehenden Schaden zu ersetzen. Haben zwei oder mehr Beamtinnen und Beamte gemeinsam den Schaden verursacht, haften sie gesamtschuldnerisch."

Dabei unterliegt der Beamte insbesondere folgenden dienstlichen Pflichten:

Allgemeine Treuepflicht	Amtsverschwiegenheit
Politische Treuepflicht	Gehorsamspflicht
Dienstleistungspflicht	Achtungswürdiges Verhalten
Unparteiliche, neutrale Amtsführung	Handeln nach Gesetz und Recht

Bewertet man einzelne Mobbinghandlungen oder auch einen Mobbingprozess insgesamt (s. Kap. 2 und Kap. 2.2) mit den Kriterien des Pflichtenkatalogs des Beamtenrechts, erfüllen diese sämtlich den Tatbestand vorsätzlicher oder grob fahrlässiger Pflichtverletzung.

„Den Beamten muss in subjektiver Hinsicht ein schweres Verschulden treffen. Dies ist in den eindeutigen „Mobbing-Fällen", in denen ein Vorgesetzter Amtsbefugnisse vorsätzlich und schwerwiegend missbraucht, ohne weiteres zu bejahen. Ein mobbender Vorgesetzter unterliegt dabei der Regresspflicht, soweit seine Handlungen ursächlich für den von seinem Dienstherrn zu ersetzenden Schaden waren. Beim Nichteinschreiten eines nicht am Mobbing beteiligten Vorgesetzten liegt das für einen Regress erforderliche Verschulden jedenfalls dann vor, wenn er trotz positiver

Kenntnis und entsprechender Kompetenzen ein im Gang befindliches Mobbinggeschehen nicht unterbunden hat.“ (*Wickler*, Seite 314)

In gleicher Weise trifft der Regressanspruch die mobbenden Kollegen des Opfers.

Berechtigterweise wird man an diese, anders als bei einer arbeitsrechtlichen Betrachtung, vergleichsweise strengere Maßstäbe bei der Bewertung passiven Mittuns oder Nichteinschreitens anlegen müssen, da schon die Verpflichtung zu achtungswürdigen, an Recht und Gesetz orientiertem dienstlichen Verhalten beamtete Beschäftigte zum Einschreiten verpflichtet.

Eingeschlossen ist dabei auch die Verpflichtung zur Information von Vorgesetzten, falls seine Kollegen keine direkte Möglichkeit sehen, das Opfer zu schützen.

4.3.4.1 Disziplinarrechtliche Konsequenzen

Die schuldhafte Verletzung seiner Pflichten wird für den mobbenden Beamten in der der Regel eine disziplinarrechtliche Bestrafung nach sich ziehen (s. § 77 BBG).

Die Disziplinargesetzgebung als Teil des Beamtenrechts hat dabei folgende Zielsetzung:

- Verhaltenssteuerung des Beamten
- Ordnungsfunktion zur Aufrechterhaltung der Leistungsfähigkeit der Verwaltung
- Wahrung und Festigung des Ansehens des Berufsbeamtentums
- Schutz des Beamten vor willkürlichen Eingriffen in seine Rechtsstellung

Beim Disziplinarrecht werden zwei Formen unterschieden:

Formelles Disziplinarrecht	Materielles Disziplinarrecht

Im formellen Disziplinarrecht werden Verfahrensfragen geregelt, das materielle Disziplinarrecht legt fest, wann ein disziplinarrechtlich relevantes Dienstvergehen vorliegt.

Bund und Bundesländer verfügen über jeweils eigene Regelungen, die im Wesentlichen inhaltsgleich sind.

Nimmt der Dienstherr in materieller Hinsicht Rückgriff auf den mobbenden Beamten und verpflichtet ihn zum Schadensersatz, wird er in der Regel auch disziplinarisch gegen ihn vorgehen.

Im Gegensatz zum Arbeitsrecht kann die Behörde Mobbinghandlungen von Vorgesetzten wie auch von Beschäftigten differenzierter sanktionieren.

Vergleichsweise steht dem Arbeitgeber im Arbeitsrecht neben dem Disziplinarmittel der Abmahnung, mit dem entsprechenden Warnhinweis auf die Gefährdung der Weiterbeschäftigung nur noch die Kündigung als wirkungsvolle Ahndung von Mobbinghandlungen zur Verfügung.

Das Disziplinarrecht erlaubt dagegen unterschiedlich weit gehende, zum Teil erhebliche Eingriffe in die Besoldung des Beamten; schützt diesen hingegen andererseits weitaus wirkungsvoller vor der mit der Kündigung des Arbeitnehmers vergleichbaren Entlassung aus dem Dienst.

Es werden folgende Disziplinarmaßnahmen unterschieden:

- Verweis
- Geldbuße
- Kürzung der Dienstbezüge
- Zurückstufung
- Entfernung aus dem Beamtenverhältnis

Bei Ruhestandbeamten kommen als Maßnahmen infrage:

- Kürzung des Ruhegehaltes
- Aberkennung des Ruhegehaltes

Beamten auf Probe und Beamten auf Widerruf können nur Verweise erteilt und Geldbußen auferlegt werden. Danach erfolgt bei nicht geändertem Verhalten die Entlassung aus dem Beamtenverhältnis.

Das Verfahren gliedert sich in ein behördliches und ein gerichtliches Disziplinarverfahren.

Beim Verfahren, das die Behörde durchführt, können Disziplinarmaßnahen bis zur Kürzung der Dienstbezüge verhängt werden.

Zuständig beim gerichtlichen Verfahren sind in erster Instanz die Disziplinarkammern bei den Verwaltungsgerichten, in zweiter Instanz die Senate für Disziplinarsachen bei den Oberverwaltungsgerichten (vgl. § 45 BDG). Es kann Revision zum Bundesverwaltungsgericht zugelassen werden (§ 69 BDG).

Durch Disziplinarurteil kann der Beamte in seiner Besoldung zurückgestuft werden (§ 9 BDG). Dadurch wird der Beamte in ein Amt seiner Laufbahn mit geringerem Gehalt eingestuft. Er verliert alle Rechte aus seinem bisherigen Amt und darf seine bisherige Amtsbezeichnung nicht mehr führen. Für fünf Jahre besteht eine Beförderungssperre.

Im Zusammenhang mit dem materiellen Schadensersatzanspruch bei festgestellten Mobbinghandlungen stellen die Rückstufung und die Gehaltskürzung einen erheblichen Eingriff in die wirtschaftlichen Verhältnisse des Beamten dar.

Der Umfang der Kürzung richtet sich nach der Intensität und den Auswirkungen des Mobbings auf das Opfer und die Behörde, nicht zuletzt auch danach, ob es ich um Kollegenmobbing oder aktives oder zumindest duldendes Handeln von Vorgesetzten handelt.

Für einen Vorgesetzten wird mit der Zurückstufung regelmäßig eine deutliche, in der Behörde sichtbare Minderung seiner bisher herausgehobenen dienstlichen Position und seines Vorgesetztenstatus verbunden sein.

Auch eine häufig damit verbunden Versetzung in eine andere Dienststelle mit deutlich eingeschränkten dienstlichen Befugnissen wird sein dienstliches und persönliches Ansehen erheblich reduzieren.

Erkennt das Gericht auf Entfernung aus dem Beamtenverhältnis (§ 10 BDG), verliert der Beamte unmittelbar seinen Status. Neben den Dienstbezügen büßt er auch seinen Anspruch auf Versorgung ein.

Diese äußerste Reaktion auf Mobbinghandlungen setzt in jedem Fall besonders schwerwiegende Folgen für das Opfer, z. B. Suizid wegen schikanöser Behandlung, erhebliche körperliche Verletzungen, massive sexuelle Übergriffe oder weitreichende Verfolgungen auch in den privaten Bereich hinein voraus.

In der Regel werden dabei auch strafrechtlich relevante, also kriminelle Handlungen vorliegen (s. Kap. 4.4).

Sind dem Beamten vorgeworfenen Mobbinghandlungen wie Sachbeschädigung, Körperverletzung, Nötigung etc. Gegenstand eines Strafverfahrens, wird das Disziplinarverfahren solange ausgesetzt.

Kommt es zu einer Verurteilung durch ein ordentliches Gericht, verliert der Beamte seine Beamtenrechte, wenn er wegen einer vorsätzlichen Tat zu einer Freiheitsstrafe von mindestens einem Jahr verurteilt wird. Sein Beamtenverhältnis endet mit der Rechtskraft des Urteils (vgl. § 41 BBG).

Um sich vom Verdacht eines Dienstvergehens wegen Mobbings und entsprechenden Regressforderungen zu entlasten, kann der Beamte gemäß § 18 BDG auch ein Disziplinarverfahren gegen sich selbst beantragen.

Ebenso kann auch das Mobbingopfer von dieser Möglichkeit Gebrauch machen, um die Behördenleitung dazu zu zwingen, die ihm beispielsweise von seinen unmittelbaren Vorgesetzten gemachten Vorwürfe wegen seiner Amtsführung zu widerlegen.

Wie im Arbeitsgerichtsprozess besteht grundsätzlich auch bei einem Verfahren durch die Disziplinarkammern, ebenso wie bei einem vom Dienstherrn durchgeführten Disziplinarverfahren die Notwendigkeit, die Mobbinghandlungen, insbesondere die schikanösen Absichten bei bestimmten Maßnahmen zu beweisen.

Auch ist der Nachweis zu erbringen, dass beispielsweise die gesundheitlichen Beeinträchtigungen des Opfers ursächlich auf das Mobbing zurückzuführen sind.

4.4 Mobbinghandlungen im Strafrecht

Mobbinghandlungen können Straftatbestände im Sinne des Strafgesetzbuches darstellen und damit zu kriminellen Handlungen werden.

„Dies gilt vor allem dann, wenn Schikanehandlungen beleidigende Maßnahmen annehmen, das Opfer böswillig verleumdet wird oder aber sich Gesundheitsschädigungen als Folge von schikanebedingten psychosomatischen Störungen abzeichnen.“ (*Kollmer*, Mobbing im Arbeitsverhältnis, Seite 152)

Straftatbestände sind insbesondere:

- Sachbeschädigungen
- Ehrverletzung
- Körperverletzung
- Unterlassene Hilfeleistung
- Straftaten gegen das Betriebsverfassungsgesetz

4.4.1 Sachbeschädigungen

Mobber, die rechtswidrig Eigentum von Kollegen oder Untergebenen beschädigen oder zerstören, können gemäß § 203 Abs. 1 StGB bestraft werden. Auch der Versuch ist strafbar (§ 303 Abs. 3 StGB).

Sachbeschädigungen können sich sowohl gegen private Gegenstände am Arbeitsplatz des Opfers als auch gegen dessen Fahrzeug, sein Wohnhaus usw. richten.

Durch die Beschädigung von Arbeitsmaterial und Büroausstattung wird versucht, die Arbeitsleistung des Opfers zu behindern oder unmöglich zu machen und ihn eventuell dafür als verantwortlich erscheinen zu lassen.

Cyberbullying als aktuelle Mobbingform bei Büroberufen versucht vor allem durch Angriffe im Internet und Intranet auf Arbeitsdateien etc. wesentliche Arbeitsgrundlagen und Arbeitsergebnisse zu zerstören.

Neben dem Opfer wird damit auch der Arbeitgeber geschädigt, der durch die Zerstörung der von ihm gestellten Bürokommunikation, Werkstattausstattung, Maschinen und anderen Arbeitsmitteln eventuell Produktionsausfälle und Qualitätsverluste erleiden kann.

4.4.2 Ehrverletzung

Die Straftatbestände

- Beleidigung (§ 185 StGB)
- Üble Nachrede (§ 186 StGB)
- Verleumdung (§ 187 StGB)

kennzeichnen fast regelmäßig Mobbinghandlungen.

Durch Beleidigungen wird der Betroffene bewusst abgewertet, im innerdienstlichen und privaten Bereich herabgesetzt, verletzt und missachtet.

Dabei ist es in betrieblichen Arbeitszusammenhängen wie auch im Allgemeinen menschlichen Umgang schwierig zu unterscheiden, ob es sich um bösartige, bewusste und systematische Herabsetzung oder Antipathie, mangelnde Umgangsformen, kumpelhafte Redewendungen oder Unhöflichkeit ohne provokative Absicht handelt.

Derartige Verhaltensweisen wird man als bedauernswerte und abzulehnende Formen unkollegialen Miteinanders am Arbeitsplatz ablehnen, sie sind aber nicht strafrechtlich relevant.

„Die Schwelle weg vom gesellschaftlich noch Tolerierbaren dürfte erst dann überschritten sein, wenn es sich bei der Kundgabe der Nicht- oder Missachtung um ein bewusst schädigendes Tun mit dem Ziel handelt, um den anderen provokativ herabzusetzen.“ (*Kollmer*, Seite 153)

Auch muss das Opfer den Beweis führen, dass bestimmte Aussagen und Bewertungen zu seiner Person oder zu seiner Arbeitsleistung tatsächlich mit der Absicht der Beleidigung gemacht wurden.

Der Beweis ist zum Teil schwierig zu führen. Zeugen sind häufig nicht vorhanden oder sagen sogar gegen das Opfer aus.

Dagegen ist, falls beweisbar, bei der üblen Nachrede und Verleumdung die ehrverletzende Absicht eindeutig.

§ 186 StGB Üble Nachrede

„Wer in Beziehung auf einen anderen eine Tatsache behauptet oder verbreitet, welche denselben verächtlich zu machen oder in der öffentlichen Meinung herabzuwürdigen geeignet ist, wird, wenn nicht diese Tatsache erweislich wahr ist, mit Freiheitsstrafe bis zu einem Jahr oder mit Geldstrafe und, wenn die Tat öffentlich oder durch Verbreiten von Schriften (§ 11 Abs. 3) begangen ist, mit Freiheitsstrafe bis zu zwei Jahren oder mit Geldstrafe bestraft."

§ 187 StGB Verleumdung

„Wer wider besseres Wissen in Beziehung auf einen anderen eine unwahre Tatsache behauptet oder verbreitet, welchen denselben verächtlich zu machen oder in der öffentlichen Meinung herabzuwürdigen oder dessen Kredit zu gefährden geeignet ist, wird mit Freiheitsstrafe bis zu zwei Jahren oder mit Geldstrafe und, wenn die Tat öffentlich, in einer Versammlung oder durch Verbreiten von Schriften (§ 11 Abs. 3) begangen ist, mit Freiheitsstrafe bis zu fünf Jahren oder mit Geldstrafe bestraft."

Beide Tatbestände gehören häufig zum Kernbestand von Mobbinghandlungen, dabei kann es sich um Gerüchte aus dem privaten, familiären Bereich, ebenso aber auch um verleumderische Behauptungen über die Arbeitsleistung des Opfers oder ihm angeblich angedrohte oder schon ausgesprochene arbeitsrechtliche Sanktionen des Arbeitgebers handeln.

Dadurch wird beabsichtigt, das Mobbingopfer verächtlich zu machen und ihn als Person und Kollegen herabzuwürdigen.

4.4.3 Körperverletzung

§ 223 StGB Körperverletzung

(1) „Wer eine andere Person körperlich misshandelt oder an der Gesundheit schädigt, wird mit Freiheitsstrafe bis zu fünf Jahren oder mit Geldstrafe bestraft.

(2) Der Versuch ist strafbar."

Wird der Mobbingbetroffene durch die Mobbinghandlungen erheblich gesundheitlich beeinträchtigt, erfüllt dies den Tatbestand der fahrlässigen (§ 229 StGB) oder vorsätzlichen Körperverletzung.

Eindeutig zuordnen lassen sich dabei Attacken körperlicher Gewalt durch Niederschlagen des Opfers, Angriffe mit Waffen oder Werkzeugen oder bewusste Anweisung zur Erledigung von Arbeiten mit akut gesundheits- oder sogar lebensbedrohendem Charakter.

Körperliche Misshandlungen sind bei derart gravierenden Angriffen, die aber in dieser Form die große Ausnahme bei Mobbingsituationen darstellen, vom Betroffenen oder von Zeugen zweifelsfrei nachzuweisen.

Auch wird man weitere Drucksituationen, denen sich das Opfer ausgesetzt fühlen kann - Erzeugen von Angst, Bedrohung, Erregung von Ekel – ebenfalls dem Bereich erheblicher Gesundheitsschädigungen zuordnen. Zwar wird das Opfer nicht direkt körperlich angegriffen, gleichwohl in seiner physischen und psychischen Gesundheit massiv verletzt.

Langandauernde und erhebliche Mobbinghandlungen werden im Regelfall zumindest pathologische psychische Zustände beim Opfer hervorrufen, ohne dass zunächst in jedem Fall körperliche Krankheitssymptome manifest sind.

So wird man eine mobbingbedingt Depression immer als erhebliche Gesundheitsschädigung bewerten müssen mit unabsehbaren Folgen bis hin zum Selbstmord.

Ebenfalls strafbar macht sich, wer durch Nachstellung (Stalking) andere in ihrer Lebensgestaltung schwerwiegend beeinträchtigt.

§ 238 Abs. 1 StGB Nachstellung

„Wer einem Menschen unbefugt nachstellt, indem er beharrlich

1. seine räumliche Nähe aufsucht,
2. unter Verwendung von Telekommunikationsmitteln der sonstigen Mitteln der Kommunikation oder über Dritte Kontakt zu ihm herzustellen versucht,
3. unter missbräuchlicher Verwendung von dessen personenbezogenen Daten Bestellungen von Waren oder Dienstleistungen für ihn aufgibt oder Dritte veranlasst, mit diesem Kontakt aufzunehmen,
4. ihn mit der Verletzung von Leben, körperlicher Unversehrtheit, Gesundheit oder Freiheit seiner selbst oder einer ihm nahestehenden Person bedroht oder
5. eine andere vergleichbare Handlung vornimmt

und dadurch seine Lebensgestaltung schwerwiegend beeinträchtigt, wird mit Freiheitsstrafe bis zu drei Jahren oder mit Geldstrafe bestraft."

Führen derartige Nachstellungen zum Tod des Opfers, eines seiner Angehörigen oder einer anderen, dem Opfer nahestehenden Person, kann der Täter zu einer Freiheitsstrafe bis zu zehn Jahren verurteilt werden.

In schwerwiegenden Mobbingfällen, die weit in das Privatleben hineinreichen, werden insbesondere die Bedrohung der körperlichen Unversehrtheit und der Gesundheit von Relevanz sein, ebenso Drohungen gegen das familiäre Umfeld des Opfers.

4.4.4 Unterlassene Hilfeleistung

Zulassen von Mobbing kann nach § 323c StGB auch als unterlassene Hilfeleistung gewertet werden.

Generell besteht für den Arbeitgeber die Verpflichtung, Mobbing in seinem Betrieb durch entsprechende organisatorische Maßnahmen zu verhindern (s Kap. 4.2.2.2). Im Grundsatz wird man zusätzlich auch von strafbarem Verhalten ausgehen, wenn Arbeitgeber und Vorgesetzte Mobbing selbst aktiv betreiben oder durch Ignorieren und Nichteinschreiten nicht verhindern.

Entscheidend werden dabei – wie generell im Mobbingbereich – Intensität und Dauer des Mobbing und die erkennbaren Auswirkungen auf den Betroffenen sein.

Dies gilt auch für Kolleginnen und Kollegen, die Mobbing tolerieren und nicht einschreiten.

„Die Hilfeleistung kann für den Betrachter des Mobbingprozesses schon darin liegen, dass er auf den Täter in beschwichtigendem Sinne einredet und erforderlichenfalls das permanente Schikanieren dem Betriebsrat oder dem Arbeitgeber meldet. (*Kollmer*, Seite 157)

4.4.5 Straftaten gegen Betriebsverfassungsorgane und ihre Mitglieder gemäß § 119 BetrVG

Beschäftigte, Arbeitgeber und sonstige Personen, die den Betriebsrat, einzelne seiner Mitglieder oder eine Gruppe im Betriebsrat benachteiligen, können zu einer Freiheitsstrafe bis zu einem Jahr oder mit einer Geldstrafe bestraft werden.

In der Praxis wird es sich dabei überwiegend um Übergriffe des Arbeitgebers oder von Führungskräften seines Betriebes gegen Mitglieder des Betriebsrates handeln, die durch Mobbinghandlungen zur Niederlegung ihres Mandates oder zum Rücktritt von einer beabsichtigten Kandidatur bewegt werden sollen.

Denkbar sind ebenfalls Konflikte zwischen rivalisierenden gewerkschaftlichen Gruppen im Betriebsrat oder im Umfeld von Wahlen. Mobbinghandlungen dienen dann vorrangig dazu, Leumund und Ansehen einzelner Personen oder beispielsweise einer für die Wahl eingereichten Bewerberliste zu diskreditieren oder ihre Wahlchancen zu beeinträchtigen.

Strafantrag kann nicht, wie bei der Sachbeschädigung, der Ehrverletzung oder bei Körperverletzungen das einzelne Mobbingopfer stellen.

Antragsberechtigt sind gemäß § 119 Abs. 2 BetrVG

- der Betriebsrat
- der Gesamt- oder Konzernbetriebsrat
- der Wahlvorstand
- der Arbeitgeber
- im Betrieb vertretenen Gewerkschaften

Vergleichbare Regelungen für den öffentlichen Dienst fehlen.

§ 8 BPersVG Behinderungs-, Benachteiligungs- und Begünstigungsverbot

„Personen, die Aufgaben oder Befugnisse nach diesem Gesetz wahrnehmen, dürfen darin nicht behindert und wegen ihrer Tätigkeit nicht benachteiligt oder begünstigt werden; dies gilt auch für ihre berufliche Entwicklung."

Zwar enthalten die Personalvertretungsgesetze entsprechende Vorschriften, nach denen Mitglieder des Personalrates vor Behinderungen und Benachteiligungen geschützt sind, Verstöße gegen das Behinderungsverbot müssen jedoch im Zuge eines Beschlussverfahrens vor den Verwaltungsgerichten nachgewiesen werden. Die betroffene Personalvertretung oder das einzelne Mitglied können dabei einen Anspruch auf Unterlassung durchsetzen.

Die Möglichkeit einen Strafantrag zu stellen, besteht nicht.

4.4.6 Weitere Straftatbestände

Im Mobbingumfeld kann es zusätzlich zu weiteren Straftaten kommen, z. B. :

- § 240 StGB Nötigung
- § 267 StGB Urkundenfälschung
- § 354 StGB Verletzung des Post- und Fernmeldegeheimnisses

- § 357 StGB Verleitung eines Untergebenen zu einer Straftat

Grundsätzlich bedarf es zur Strafverfolgung einer Klage des Geschädigten, mit Ausnahme der Nötigung nach § 240 StGB.

Im Regelfall wird man kein öffentliches Interesse an einer Strafverfolgung feststellen, so dass der Geschädigte auf den Weg der Privatklage verwiesen ist.

Privatklagen können nach § 374 Abs. 1 StPO zu folgenden Delikten erhoben werden:

- Hausfriedensbruch (§ 123 StGB)
- Beleidigung (§§ 185 – 189 StGB), wenn sie nicht gegen eine der in § 194 Abs. 4 des Strafgesetzbuches genannten politischen Körperschaften gerichtet ist
- Verletzung des Briefgeheimnisses (§ 202 StGB)
- Körperverletzung (§§ 223 und 229 StGB)
- Nachstellung (§ 239 Abs. 1 StGB) oder eine Bedrohung (§ 241 StGB)
- Sachbeschädigung (§ 303 StGB)

Voraussetzung ist dabei nach § 380 StPO ein erfolgloser Ausgleichs- und Sühneversuch vor den jeweiligen Vergleichsbehörden der Landesjustizverwaltungen (Schiedsstellen). Erst wenn ein Sühneversuch erfolglos bleibt, kann Klage erhoben werden.

Inwieweit die Klage erfolgreich sein wird, hängt davon ab, ob das Opfer die Mobbinghandlungen beweisen und gegebenenfalls Zeugen benennen kann. Auch werden ärztliche Gutachten zum Gesundheitszustand benötigt, um die körperlichen und seelischen Auswirkungen der Mobbinghandlungen aufzuzeigen.

Schließlich muss damit gerechnet werden, dass der mobbende Arbeitgeber oder der mobbende Kollege Widerklage (§ 388 StPO) erhebt.

Damit wird der Kläger gleichzeitig zum Beklagten, ein Umstand, der ihn psychisch zusätzlich belasten kann.

Endet das Klageverfahren im für das Opfer günstigen Fall mit der Verpflichtung des Mobbers zum Widerruf ehrverletzender Äußerungen, sollte diese in jedem Fall auch Ahndungen künftiger Angriffe enthalten.

„Soll eine Ehrenerklärung wirklich vor Mobbing schützen können, muss sie weit gefasst und mit der Möglichkeit der Sanktionierung von Fehlverhalten versehen sein. Ob sie im Vergleichswege durchgesetzt werden kann, hängt von den Umständen des konkreten Einzelfalles ab." (*Esser/ Wollmerath*, Seite 221)

Auch mit anwaltlichem Beistand, der dringend anzuraten ist, wird der Ausgang der Klage ungewiss bleiben. Der Kläger muss eindeutige, nicht zu widerlegende Beweise für die Schikanen vorlegen, denen er sich ausgesetzt sieht.

Andererseits kann die glaubhaft und entschlossen bekundete Absicht, den Rechtsweg zu beschreiten, durchaus eine abschreckende Wirkung auf den Täter haben. Auch ein Arbeitgeber wird eventuell eine Rufschädigung und geschäftliche Nachteile durch ein Klageverfahren befürchten und sein Verhalten ändern.

Die strafrechtliche Sanktionierung sollte auch nicht als isolierte Gegenwehr des Betroffenen betrachtet werden sondern im Regelfall zusammen mit arbeits- und haftungsrechtlichen Ansprüchen und Abwehrmaßnahmen des Opfers erfolgen.

Ein koordiniertes Vorgehen bei der Durchsetzung von arbeits- bzw. dienstrechtlichen, zivil- und strafrechtlichen Ansprüchen stärkt im jeweiligen Verfahren die Glaubwürdigkeit und damit die Rechtsposition des Klägers.

Ein Verweis auf ein gleichzeitig betriebenes strafrechtliches Verfahren kann etwa den Ausgang eines Verfahrens vor dem Arbeitsgericht positiv beeinflussen und umgekehrt.

Dies gilt ebenso für eine entsprechende Unterstützung des Opfers durch den Betriebsrat oder die Personalvertretung.

5 Das allgemeine Gleichbehandlungsgesetz (AGG)

5.1 Anwendungsbereiche

Das AGG vom 18.06.2006 setzt mehrere EU-Richtlinien zur Gleichbehandlung am Arbeitsplatz um.

- Antirassismus-Richtlinie vom 29.06.2000
- Rahmenrichtlinie zur Beschäftigung vom 27.11.2000
- Gleichstellungsrichtlinie vom 23.09. 2002
- Richtlinie zur Gleichbehandlung vom 13. 12. 2004

Das AGG normiert das Diskriminierungs- und Benachteiligungsverbot in allen Bereichen des Arbeitslebens, zusätzlich im allgemeinen gesellschaftlichen Bereich.

Gleichzeitig ersetzt das AGG das Beschäftigtenschutzgesetz (BeschSchG) vom 01.09.1994, das Arbeitnehmer insbesondere vor sexueller Belästigung am Arbeitsplatz schützte.

Die Bestimmungen des Gesetzes werden auf folgende Personengruppen angewendet:

- Arbeitnehmerinnen und Arbeitnehmer,
- Beamte in allen Bereichen des öffentlichen Dienstes,
- Auszubildende,
- Personen in einem Bewerbungsverfahren,
- Heimarbeiter,
- Leiharbeiter,
- Ehemalige Beschäftigte,
- Organmitglieder von Kapitalgesellschaften,
- Richter.

5.2 Die Benachteiligung im AGG

Zentraler Begriff des Gesetzes ist das arbeitsrechtliche Benachteiligungsverbot.

„§ 7 AGG hält ausdrücklich fest, dass Personen wegen eines in § 1 AGG genannten Grundes nicht benachteiligt werden dürfen. Bestimmungen in Verträgen, die gegen das Benachteiligungsverbot verstoßen, sind unwirksam. Das Benachteiligungsverbot nach § 7 Abs. 1 richtet sich an jedermann. Täter einer verbotenen Benachteiligung kann deshalb nicht nur der Arbeitgeber, sondern auch ein Arbeitskollege oder ein betriebsfremder

Dritter, z. B. ein Kunde des Arbeitgebers sein. Auch der Betriebsrat oder Personalrat kann eine verbotene Benachteiligung begehen. Wichtig ist die ausdrückliche Feststellung, dass eine Benachteiligung i. S. des AGG eine Verletzung vertraglicher Pflichten darstellt. Dies bedeutet, dass eine Benachteiligung abgemahnt werden kann und auch zu einer verhaltensbedingten Kündigung führen kann, in manchem Fällen sogar führen muss." (*Bierkamp*, Seite 52)

Bei der Benachteiligung werden nach § 3 AGG folgende Formen unterschieden:

- Abs. 1 Unmittelbare Benachteiligung
- Abs. 2 Mittelbare Benachteiligung
- Abs. 3 Belästigung
- Abs. 4 Sexuelle Belästigung
- Abs. 5 Anweisung zur Benachteiligung

Eine unmittelbare Benachteiligung nach Abs. 3 AGG liegt vor, wenn jemand wegen eines in § 1 AGG genannten Grundes eine weniger günstige Behandlung erfährt als eine andere Person in einer vergleichbaren Situation.

Mittelbar benachteiligt (§ 3 Abs. 2 AGG) wird jemand, wenn trotz augenscheinlich neutraler und objektiver Vorschriften Kriterien oder Verfahren, Personen aus den im Gesetz genannten Gründen benachteiligt werden, mit der Ausnahme, dass die betreffenden Verfahren durch ein rechtmäßiges Ziel sachlich gerechtfertigt sind.

„Das Verbot der mittelbaren Diskriminierung enthält eine notwendige Ergänzung zum Verbot der unmittelbaren Diskriminierung, um die Umgehung des Diskriminierungsschutzes zu verhindern." (*Nollert-Borasio / Perreng*, Seite 88)

Eine Belästigung (§ 3 Abs. 3 AGG) verletzt die Würde der betreffenden Person und schafft ein von Einschüchterungen, Anfeindungen, Erniedrigungen, Entwürdigungen oder Beleidigung gekennzeichnetes Umfeld.

Durch die Aufforderung zu einem unerwünschten sexuell bestimmten Verhalten (§ 3 Abs. 4 AGG) entsteht eine besonders schwerwiegende Diskriminierung.

„Die Definition der sexuellen Belästigung baut auf der Struktur des Belästigungstatbestandes im § 3 Abs. 3 AGG auf. Das unerwünschte Verhalten muss zusätzlich sexuell bestimmt sein. Die Gesetzesbegründung betont die Parallele der Definition zu der in § 2 Abs. 2 BeschSchG a. F., weist aber darauf hin, dass anstelle des dort verwendeten Tatbestandselements „vorsätzlichen“ und „erkennbar abgelehnten“ die Formulierung „unerwünscht“ getreten ist.“ (*Bierkamp*, Seite 55)

§ 3 Abs. 5 AGG stellt auf Weisungen, im Regelfall von direkten Vorgesetzen ab, durch die Beschäftigte zur Benachteiligung von anderen veranlasst werden.

5.3 Benachteiligungsgründe

Ziel des Gesetzes (§ 1 AGG) ist, Benachteiligungen, die auf folgenden Gründen beruhen, zu verhindern oder zu beseitigen:

- Rasse oder ethnische Herkunft
- Geschlecht
- Religion oder Weltanschauung
- Behinderung
- Alter
- Sexuelle Identität

Benachteiligung, Belästigung auch sexueller Art, Anweisungen zur Benachteiligung, Einschüchterung, Anfeindungen, Entwürdigung oder Beleidigungen kennzeichnen nicht wenige Mobbingsituationen.

Mobbingbetroffene sind jedoch nur dann durch das AGG geschützt, wenn das Mobbing aufgrund der in § 1 aufgeführten Gründe erfolgt.

„Das allgemeine Gleichbehandlungsgesetz greift in Mobbing-Fällen also nur, wenn eine Benachteiligung im Sinne der Diskriminierungsmerkmale des § 1 AGG erfolgt ist.“ (*Kollmer*, Seite 181)

Vergleicht man dazu die durch die Bundesanstalt für Arbeitsschutz erhobenen von den Betroffenen angegebenen Motive (siehe Kap. 2.1.1), nennen nur 2,3 % der Befragten ihre sexuelle Orientierung, 3,8 % ihre Nationalität und 12,5 % ihr Geschlecht als Mobbinggrund.

Zu den im AGG aufgeführten Gründen Religion oder Weltanschauung, Alter oder Behinderung finden sich keine Nennungen.

Dagegen werden als Motive insbesondere aufgeführt:

- Sanktionierung unerwünschter Kritik
- Konkurrenzdruck
- Neid
- Spannungen mit Vorgesetzten
- Kritik am Arbeitsstil
- Suche nach Sündenbock

- Angeblich schwache Leistungen
- Neuling in der Gruppe oder Abteilung

Abgesehen von den Motiven sexuelle Orientierung, Nationalität und Geschlecht erfasst das AGG den ganz überwiegenden Teil von Mobbinghandlungen nicht.

Ebenso findet sich im Gesetz zwar eine sehr differenzierte Beschreibung der verschiedenen Formen von Benachteiligungen und Belästigungen im Arbeitsleben, der Begriff „Mobbing“ oder eine entsprechende Definition kommen nicht vor.

„Fraglich ist, ob und inwieweit ein Zusammenhang zwischen einer rechtlich relevanten Belästigung und dem in der Praxis für Belästigungen am Arbeitsplatz oft benutzten Begriff des „Mobbing“ besteht. Mobbing ist kein Rechtsbegriff und nicht geeignet, die Rechtserheblichkeit einer Belästigung schärfer zu fassen. Nach den bisherigen Definitionsversuchen der Rechtssprechung ist der Begriff des „Mobbing“ unschärfer und weiter als der einer Belästigung, die nach Abs. 3 die Qualität einer Benachteiligung erreicht.“ (*Nollert-Borasio / Perreng*, Seite 96)

Mobbingbetroffene erleiden zwar regelmäßig Benachteiligungen, genießen aber nur dann den im Gegensatz zur bisherigen Rechtslage erheblich ausgeweiteten Schutz durch das AGG, sofern die Mobbingsituation ihre Ursache in den vom Gesetz aufgeführten Gründen hat.

5.4 Rechtsfolgen

Der Betroffene hat gemäß § 13 AGG das Recht, sich zu beschweren. Die Beschwerde kann sich an den Vorgesetzten, die Personalabteilung, eine betriebliche Beschwerdestelle, an Gleichstellungsbeauftragte, an den Betriebsrat oder die Personalvertretung richten.

Nach § 14 AGG kann auch ein Leistungsverweigerungsrecht in Anspruch genommen werden, insbesondere in Fällen sexueller Belästigungen.

Ebenso stehen dem Geschädigten Schadensersatz (§ 15 Abs. 1 AGG) und Entschädigung (§ 15 Abs. 2 AGG) zu. Die diesbezüglichen Regelungen sind erheblich weiter gefasst und gehen über die allgemeine Fürsorgeverpflichtung des Arbeitgebers gegenüber seinen Beschäftigten hinaus. Neben dem Ersatz von materiellen Schädigungen (z. B. Arztkosten, Rechtsbeistand) hat das Opfer auch Anspruch auf eine angemessene Entschädigung für die ihm entstandenen gesundheitlichen Beeinträchtigungen oder Beschädigungen seines Leumundes. Dazu gehören auch das diskriminierende

Übergehen bei Höhergruppierungen, Beförderungen und generell der Übertragung höherwertiger Aufgabenbereiche in Betrieb oder Verwaltung. Die Diskriminierung kann sich bereits schon auf die Einstellung und entsprechende Einstellungsverfahren beziehen.

Das in § 16 AGG normierte Maßregelungsverbot schützt die Betroffenen bei der Wahrnehmung ihrer Rechte.

Die prozessualen Regelungen des AGG erleichtern es, die diskriminierende Behandlung zu beweisen.

§ 22 AGG Beweislast

„Wenn im Streitfall die eine Partei Indizien beweist, die eine Benachteiligung wegen eines in § 1 genannten Grundes vermuten lassen, trägt die andere Partei die Beweislast dafür, dass kein Verstoß gegen die Bestimmungen zum Schutz vor Benachteiligung vorgelegen hat.“

In einem Rechtsstreit kann das Opfer zunächst Tatsachen und Indizien vortragen, die nach allgemeiner Lebenserfahrung eine Diskriminierung wahrscheinlich machen. Der Arbeitgeber hat dann zu beweisen, dass sein Handeln rechtmäßig ist und keine Diskriminierungsabsicht vorliegt.

Der Geschädigte kann sich gemäß § 23 AGG durch Antidiskriminierungsverbände beraten, unterstützen und gegebenenfalls sowohl arbeits- als auch zivilrechtlich vertreten lassen.

Die nach § 25 AGG beim Bundesministerium für Familie eingerichtete Antidiskriminierungsstelle des Bundes unterstützt Mobbingopfer bei der Durchsetzung ihrer Rechte zum Schutz vor Benachteiligungen. Sie informiert über entsprechende gesetzliche Regelungen, vermittelt falls notwendig ein Beratungsangebot durch andere Stellen und kann im Rahmen einer gütlichen Einigung zwischen den Beteiligten vermitteln.

5.5 Pflichten des Arbeitgebers

Die Pflichten des Arbeitgebers oder des Dienstherrn lassen sich unterteilen in

- Konkrete arbeits- oder dienstrechtliche Maßnahmen gegen diskriminierende Beschäftigte,
- Schutz gegen Angriffe betriebsfremder Personen,
- Prävention, Schulung und Information,
- Diskriminierungsfreie Inhalte von Stellenausschreibungen.

5.5.1 Maßnahmen gegen diskriminierende Beschäftigte oder Dritte

§ 12 Abs. 1 AGG Maßnahmen und Pflichten des Arbeitgebers

„Der Arbeitgeber ist verpflichtet, die erforderlichen Maßnahmen zum Schutz vor Benachteiligungen wegen eines in § 1 genannten Grundes zu treffen. Dieser Schutz umfasst auch vorbeugenden Maßnahmen."

Die Pflicht zum Einschreiten gegen Diskriminierung schützt dabei nicht nur Beschäftigte des Betriebes oder der Behörde sondern richtet sich auch gegen betriebsfremde Personen, beispielsweise Geschäftspartner oder Kunden (§ 12 Abs. 3 und 4 AGG).

Um welche konkreten arbeitsrechtlichen oder disziplinarrechtlichen Maßnahmen es sich dabei handelt, bestimmt sich durch die Dauer und das Ausmaß diskriminierende Handlungen. Sie müssen nur das Ziel haben, die Benachteiligung zu beenden.

Dabei kann der Arbeitgeber gegenüber Dritten im Vergleich zu den arbeitsrechtlichen Sanktionen gegenüber seinen Beschäftigten nur im beschränkten Umfang tätig werden. Seine Möglichkeiten werden im Wesentlichen aus zivil- und strafrechtlichen Reaktionen bestehen, da zu betriebsfremden Personen kein Vertragsverhältnis besteht.

5.5.2 Präventionspflichten des Arbeitgebers

Neben der Unterbindungspflicht hat der Arbeitgeber auch eine Präventionspflicht um Diskriminierung zu verhindern. Insofern konkretisiert das AGG die auch für die allgemeine Verhinderung von Mobbing geltende Verpflichtung von Betrieben und Dienststellen, durch entsprechende Organisationsstrukturen Angriffe auf Beschäftigte zu verhindern.

Das AGG (§ 12 Abs. 2 und Abs. 5) verpflichtet zu den folgenden Maßnahmen:

- Maßnahmen der Aus- und Fortbildung
- Schulungsveranstaltungen
- Bekanntmachung des Gesetzes durch interne Kommunikationssysteme
- Bekanntgabe der für Beschwerden nach § 13 AGG zuständigen Stellen
- Information über § 61b ArbGG (d. h. über die Vorschriften für Klagen wegen geschlechtsbedingter Benachteiligung)

Beschränkte sich die Präventionsverpflichtung des Beschäftigtenschutzgesetzes auf allgemein vorbeugende Maßnahmen im Bereich sexueller Belästigung, enthält das AGG detaillierte Organisationsverpflichtungen für Arbeitgeber mit allgemeiner Verbindlichkeit.

Kommen Betriebe oder Dienststellen diesen Auflagen nicht nach und ergeben sich deshalb aus den in § 1 genannten Gründen Benachteiligungen einzelner Beschäftigter oder einer Gruppe von Beschäftigten, liegt eine erhebliche Pflichtverletzung vor.

Dagegen handelt es sich bei allgemeinen Mobbinghandlungen aus vom AGG abweichenden Gründen um ein Organisationsverschulden nach § 241 Abs. 2 BGB und § 280 BGB. Neben seiner Haftung für von ihm beauftragte sogenannte Erfüllungsgehilfen verstößt der Arbeitgeber auch gegen seine Verkehrssicherungspflicht nach § 823 Abs. 1 BGB.

Danach sind Betriebe und Dienststellen so zu strukturieren und organisieren, dass physische und psychische Schäden der dort Beschäftigten ausgeschlossen sind (vgl. dazu Kap. 4.2.2.2).

Zu den Organisationspflichten des Arbeitgebers und der Dienststellen gehört auch die Pflicht zu einer nichtdiskriminierenden Stellenausschreibung (§ 11 AGG).

Interne und externe Ausschreibungen müssen in Einklang mit § 7 Abs. 1 AGG erfolgen, damit eine Benachteiligung schon bei Angeboten für ein Beschäftigungs- oder Dienstverhältnis ausgeschlossen werden kann.

Generell ist die Bedeutung des AGG in der überwiegenden Anzahl der Mobbingfälle vergleichsweise gering, da die Motive für Mobbing in der Regel nicht § 1 AGG entsprechen.

Bei den bisherigen gerichtlichen Entscheidungen spielen die im AGG genannten Gründe nur eine geringe Rolle.

„Sind dagegen keine Anhaltspunkte dafür erkennbar, dass die Mobbinghandlungen wegen eines der durch das AGG geschützten Merkmale erfolgt sind, besteht für Betroffene wie bisher nur die Möglichkeit, nach den allgemeinen arbeitsrechtlichen Vorschriften unter Berufung auf die Fürsorgepflichten des Arbeitgebers, Unterlassung, Schadensersatz oder personelle Maßnahmen gegen die Verursacher durchzusetzen.“ (*Nollert-Borasio /Perreng*, Seite 46)

Verbindet sich Mobbing dagegen mit Benachteiligung wegen der Nationalität, des Geschlechts, des Alters etc. erleichtert dies die Abwehrmöglichkeiten des Opfers erheblich, insbesondere im Hinblick auf Schadensersatz, Kündigungsschutz und nicht zuletzt wegen der erheblichen Erleichterungen der Beweisführung, kommt es zu einem gerichtlichen Verfahren.

6 Mobbing im kollektiven Arbeitsrecht und im öffentlichen Dienstrecht

Das Betriebsverfassungsrecht als Teil des kollektiven Arbeitsrechts und die Personalvertretungsgesetze des Bundes und der Länder als Bestandteile des öffentlichen Rechts werden bestimmt durch den Gedanken der konstruktiven Zusammenarbeit zwischen den Vertretern der Beschäftigten und den Betrieben und Verwaltungen.

Konstitutives Element der Arbeit von Betriebs- und Personalräten ist die vertrauensvollen Zusammenarbeit mit dem Arbeitgeber bzw. dem Dienststellenleiter.

§ 2 Abs. 1 BetrVG Vertrauensvolle Zusammenarbeit

„Arbeitgeber und Betriebsrat arbeiten unter Beachtung der geltenden Tarifverträge vertrauensvoll und im Zusammenwirken mit den im Betrieb vertretenen Gewerkschaften und Arbeitgebervereinigungen zum Wohle der Arbeitnehmer und des Betriebs zusammen.“

§ 2 Abs. 1 BPersVG

„Dienststelle und Personalvertretung arbeiten unter Beachtung der Gesetze und Tarifverträge vertrauensvoll und im Zusammenwirken mit den in der Dienststelle vertretenen Gewerkschaften und Arbeitgebervereinigungen zum Wohle der Beschäftigten und zur Erfüllung der der Dienststelle obliegenden Aufgaben zusammen.“

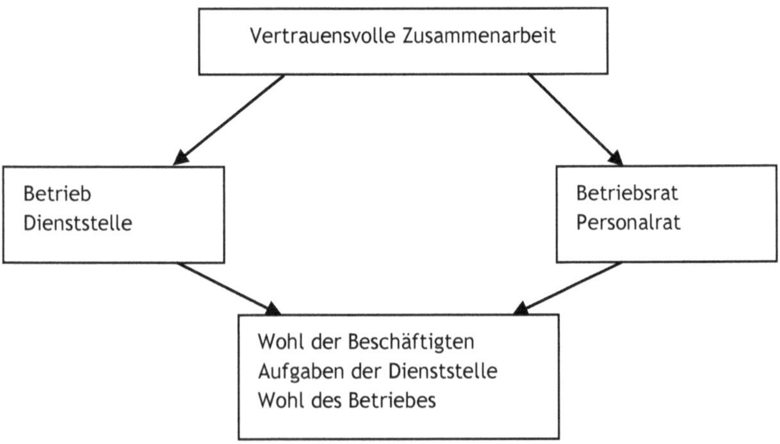

Die Verpflichtung zur vertrauensvollen Zusammenarbeit stellt dabei ein unmittelbar geltendes rechtliches Gebot dar, dem die gewählten Vertretungen der Belegschaft in der Privatwirtschaft und im öffentlichen Dienst ebenso wie die Leitungen von Dienststellen und Betrieben unterworfen sind.

Arbeitgeber und Beschäftigte haben in Anerkennung der geltenden Gesetze und Tarifverträge die Arbeitsbedingungen partnerschaftlich zu gestalten. Probleme und Konflikte sollen durch Kooperation gelöst und beseitigt werden.

Dabei verbietet sich eine nur jeweils einseitige Zielsetzung. Die Interessen der Beschäftigten an ihrem Arbeitsplatz, den wirtschaftlichen Erfolg des Betriebes und die ordnungsgemäße Erfüllung der Aufgaben von Behörden und Verwaltungen haben beide Seiten zu beachten und zu fördern.

Dieses Ziel schließt engagierte Interessenvertretung der Beschäftigten nicht aus, verbietet aber für den Betrieb ruinöses klassenkämpferisches Handeln und im Personalvertretungsrecht die Blockade der von der Verwaltung wahrzunehmenden öffentlichen Aufgaben.

Ebenso haben Unternehmen und Verwaltungen neben ihrem Einsatz für den Erfolg des Betriebes am Markt und um eine ihrem Auftrag entsprechend effizient arbeitende Behörde in gleicher Weise die sozialen Belange der Beschäftigten zu fördern und ihre Rechte zu beachten.

Von daher sind Maßnahmen des Arbeitskampfes zwischen Arbeitgeber und Betriebsrat unzulässig. Der Betriebsrat kann nicht zum Streik gegen das Unternehmen aufrufen, ebenso der Personalrat sich nicht als Organ der innerdienstlichen Mitbestimmung an Streikmaßnahmen gegen die Behörde beteiligen.

Unberührt bleibt davon das Recht des einzelnen Mitgliedes, als Beschäftigter an Streikmaßnahmen teilzunehmen, ebenso die Möglichkeit der Tarifvertragsparteien zur Durchführung von Arbeitskämpfen.

Konflikte zwischen der Vertretung der Beschäftigten und dem Arbeitgeber werden, falls sich vor Ort keine einvernehmliche Lösung findet, durch die Anrufung der Einigungsstelle und die Arbeitsgerichte bzw. die Fachkammer des Verwaltungsgerichtes gelöst.

Bei der Bekämpfung von Mobbinghandlungen wird der partnerschaftliche Gedanke der betrieblichen Mitbestimmung besonders deutlich. „Außerdem sind die kollektivrechtlichen Instrumente des Betriebsverfassungsgesetzes zum Umgang mit Mobbing vergleichsweise am besten geeignet.

Der Grund liegt in der auf Zusammenarbeit ausgelegten Struktur des Betriebsverfassungsrechts und der Einbeziehung von Individualrechten einzelner Arbeitnehmer im Gesetz." (*Benecke*, Rn 341)

Neben den z. T. erheblichen persönlichen Beeinträchtigungen, unter denen die Betroffenen leiden, entstehen Betrieben und Behörden Kosten durch Produktionsausfälle, Ausfälle von Arbeitszeit, Arbeitsunfähigkeit, Lohnfortzahlungen im Krankheitsfall und Belastungen des Betriebsklimas (s. Kap. 3.1 und 3.2).

Die Bekämpfung auftretender Mobbingsituationen und entsprechende organisatorische Präventionsmaßnahmen sollten dabei als wesentliche gemeinsame Aufgaben von Belegschaft und Arbeitgeber begriffen werden.

6.1 Allgemeine Handlungsmöglichkeiten von Betriebsrat und Personalvertretung

§ 80 Abs. 1, Nr. 1 BetrVG Allgemeine Aufgaben

„Der Betriebsrat hat folgende allgemeine Aufgaben:

1. darüber zu wachen, dass die zugunsten der Arbeitnehmer geltenden Gesetze, Verordnungen, Unfallverhütungsvorschriften, Tarifverträge und Betriebsvereinbarungen durchgeführt werden..."

Bereits die Zuweisung allgemeiner Aufgaben verpflichtet den Betriebsrat zur umfänglichen Auseinandersetzung mit dem Thema Mobbing.

So hat er darüber zu wachen, dass die für die Beschäftigten günstigen Arbeitsschutzbedingungen (vgl. auch § 80 Abs. 1, Nr. 9 BetrVG), tariflichen Regelungen und eventuell im Betrieb abgeschlossene Betriebsvereinbarungen nicht durch Mobbinghandlungen verletzt werden.

Beispielhaft fallen darunter:

- Schikanöse Zuweisung gesundheitsgefährdender Arbeitsplätze
- Unzureichende Einhaltung von Arbeitsschutzbestimmungen
- Zuweisung von unter- oder überfordernden Arbeitsaufgaben
- Anordnung tarifvertragswidriger Arbeitszeiten
- Unkorrekte und benachteiligende lohnmäßige Eingruppierung
- Willkürliche Ablehnung von Anträgen auf Erholungs- Sonder- und Bildungsurlaub
- Verstöße gegen den Datenschutz
- Nichtbeteiligung des Betriebsrates bei personellen Maßnahmen

Werden vom Betriebsrat Verstöße gegen geltendes Recht festgestellt- das sind Mobbinghandlungen immer – ist er verpflichtet, bei der Betriebsleitung auf Beseitigung und künftige korrekte Behandlung der Beschäftigten hinzuwirken.

§ 80 Abs. 1 Nr. 2 BetrVG räumt ihm zusätzlich die Möglichkeit ein, Betriebsvereinbarungen zu beantragen, durch die z. B. innerbetriebliche Maßnahmen gegen Mobbing festgelegt werden. § 80 Abs. 1 Nr. 2a sowie § 80 Abs. 1 Nr. 4 und 6 BetrVG verpflichten ihn zur Förderung der betrieblichen Durchsetzung der Gleichstellung von Mann und Frau sowie zur Abwehr benachteiligender oder diskriminierender Behandlung von Schwerbehinderten, Älteren und ausländischen Arbeitnehmern.

Diese Gruppen von Beschäftigten stellt das Gesetz unter den besonderen Schutz der Arbeitnehmervertretung.

Auch das AGG verpflichtet neben den Tarifvertragsparteien und dem Arbeitgeber den Betriebsrat und ebenso die Personalvertretung in besonderer Weise.

§ 17 Abs. 1 AGG Soziale Verantwortung der Beteiligten

„Tarifvertragsparteien, Arbeitgeber, Beschäftigte und deren Vertretungen sind aufgefordert, im Rahmen ihrer Aufgaben und Handlungsmöglichkeiten an der Verwirklichung der in § 1 genannten Ziele mitzuwirken."

§ 17 Abs. 2 AGG räumt dem Betriebsrat oder einer im Betrieb vertretenen Gewerkschaft zusätzlich die Möglichkeit ein, in Verbindung mit § 23 Abs. 3, Satz 1 BetrVG bei groben Verstößen das Gericht anzurufen. Eine solche Möglichkeit ist im Personalvertretungsrecht nicht vorgesehen, obgleich der Personalrat ähnliche allgemeine Aufgaben wahrzunehmen hat.

§ 68 Abs. 1 BPersVG verpflichtet die Personalvertretung mit fast wortgleichen Formulierungen zur Einhaltung von Vorschriften und gesetzlichen Regelungen, z. B. zur Arbeitszeit, zum Jugendarbeitsschutz oder zum Mutterschutz, ebenso zur Förderung besonders schutzbedürftiger Beschäftigtengruppen.

Für die Beschäftigten kann die Personalvertretung Anträge zum Schutz vor Mobbing stellen, die der Dienststelle und dem Personal dienen, etwa zur Einrichtung eines Arbeitskreises oder einer innerdienstlichen Schlichtungsstelle zur Vermeidung von Mobbingprozessen.

Allgemein kann von der Personalvertretung auch der Abschluss einer umfassenden Vereinbarung zur Mobbingprävention und Mobbingbekämpfung bei der Dienststelle beantragt werden.

§ 68 Abs. 1 Nr. 3 BPersVG regelt die Behandlung von (Mobbing)- Beschwerden und entsprechenden Anregungen und Vorschlägen von Beschäftigten an den Personalrat.

Generell vollzieht sich der Umgang der Arbeitnehmervertretungen mit Mobbinghandlungen auf unterschiedlichen betrieblichen Ebenen. Beim Mobbing unter den Beschäftigten werden sie in anderer Weise tätig werden als wenn das Mobbing von der Betriebs- oder Dienststellenleitung oder von ihnen mit Vorgesetztenfunktionen beauftragten Beschäftigten ausgeht.

Ebenfalls werden die Betriebsparteien bei aktuell auftretenden Mobbingfällen unmittelbar reagieren müssen, ohne dabei die Perspektive einer grundsätzlichen Mobbingprävention zu vernachlässigen.

Erst die langfristige, organisatorisch an die betrieblichen Gegebenheiten und Abläufe angepasste Prävention schafft die entsprechende Unternehmenskultur, die Mobbing weitgehend verhindert. „ Der Unterschied zwischen kurzfristigen und mittel- bis längerfristigen Handlungsmöglichkeiten des Betriebs- bzw. Personalrats besteht darin, dass kurzfristige Handlungen häufig reine Reaktionen zum Gegenstand haben, während mittel- bis längerfristiges Handeln ein Agieren, ein Gestalten durch den Betriebs- bzw. Personalrat beinhaltet.“ (*Esser/Wolmerath*, Seite 230)

Um sich einen Überblick über die Einhaltung gesetzlicher Vorschriften zum Schutz von Benachteiligung und Diskriminierung zu beschaffen, können Personalvertretung und Betriebsrat Umfragen bei den Beschäftigten durchführen. In eingerichteten Sprechstunden können die Beschäftigten ihre Vertretung informieren. Betriebsbegehungen verschaffen den Personalvertretern vor Ort Informationen über z. B. die Einhaltung von Arbeitsschutzbestimmungen.

Betriebsvereinbarungen als langfristige Anti-Mobbingstrategie können auch durch den Gesamtbetriebsrat (§§ 47 bis 53 BetrVG) oder Konzernbetriebsrat (§§ 54 bis 59a BetrVG) mit dem Arbeitgeber geschlossen werden. Diese Vereinbarung ist dann für alle Betriebe des Unternehmens verbindlich.

Analog dazu können Dienstvereinbarungen im öffentlichen Dienst durch die Bezirks-, Haupt- oder auch Gesamtpersonalräte (Stufenvertretungen) für den gesamten Bereich der nachgeordneten Behörden abgeschlossen werden, z. B. für den Bereich eines Bundes- oder Landesministeriums.

Gesamtpersonalräte, etwa im Bereich der Kommunalverwaltungen, schließen diese verbindlich für sämtliche örtliche Personalvertretungen in ihrem Bereich ab.

6.2 Die Überwachungspflicht nach § 75 BetrVG und § 67 Abs. 1 BPersVG

§ 75 Abs. 1 BetrVG regelt die allgemeine Überwachungspflicht der Betriebsparteien, die zu kontrollieren haben, dass alle Beschäftigten nach Recht und Billigkeit und ohne Benachteiligung behandelt werden.

§ 67 Abs. 1 Satz 1 BPersVG verpflichtet Dienststelle und Personalvertretung wortgleich zur Überwachung der allgemeinen Persönlichkeitsrechte der Beschäftigten; ebenso § 27 Abs. 1 SprAuG.

In der bis zum Inkrafttreten des AGG in Betriebsverfassungs- und Personalvertretungsrecht weitgehend identischen Fassung wurde jede unterschiedliche Behandlung untersagt.

„In der durch das Gesetz v. 14.8.2006 geschaffenen neuen Fassung wird zum einen „jede Benachteiligung“ (statt „jede unterschiedliche Behandlung“) verboten, zum anderen ist die bisherige beispielhafte Aufzählung verbotener Unterscheidungsmerkmale durch eine entsprechende beispielhafte Aufzählung unzulässiger Benachteiligungsgründe ersetzt worden, in der zusätzlich die Merkmale Rasse, ethnische Herkunft, Weltanschauung, Behinderung, Alter und sexuelle Identität aufgeführt sind. Den Begriffsbestimmungen des § 3 AGG, die aus den Antidiskriminierungsvorschriften der EG übernommen sind, lässt sich entnehmen, dass sowohl die unmittelbare als auch die mittelbare Benachteiligung verboten ist.“ (*Altvater/Hamer/Kröll* BPersVG, Seite 740 Rn. 8)

Das Überwachungsgebot, zu dem die Betriebsparteien verpflichtet werden, konkretisiert die fundamentalen Aussagen des Grundgesetzes. Arbeitgeber und die Vertretungen der Belegschaft haben auch am Arbeitsplatz die Wahrung der allgemeinen Persönlichkeitsrechte zu sichern.

Mit dieser Zielsetzung sind Angriffe gegen die körperliche Unversehrtheit, die seelische Gesundheit, das soziale Ansehen und das private Umfeld von Beschäftigten unvereinbar. „Bereits § 75 Abs. 1 Satz 1 BetrVG, § 27 Abs. 1 Satz 1 SprAuG erhalten deshalb für ihren Anwendungsbereich eine generelle Mobbingschutzpflicht, die aber nur von den Betriebsparteien untereinander durchsetzbar ist." (*Wickler*, Seite 67)

§ 75 Abs. 2 Satz 1 BetrVG konkretisiert diese Verpflichtungen noch zusätzlich. Danach haben Arbeitgeber und Betriebsrat die freie Entfaltung der Arbeitnehmer gemeinsam zu sichern und zu fördern.

Eine entsprechende allgemeine Vorschrift findet sich in § 67 BPerVG nicht. Die Verpflichtung, zur Wahrung der Persönlichkeitsrechte der Arbeitnehmer einzutreten, ergibt sich aber zwingend aus den allgemeinen Aufgaben in § 68 BPerVG.

Die Überwachungspflicht bezieht sich zwar in den Formulierungen des Gesetzes nur auf die Partner der innerbetrieblichen Mitbestimmung, die gemeinsam Verantwortung für die Bekämpfung von Mobbing tragen. „Auch wenn das Überwachungsgebot sich nur an Arbeitgeber und Betriebsrat richtet, erfasst die Norm auch unbillige Behandlung und Diskriminierung durch andere Arbeitnehmer. Somit ergibt sich aus § 75 Abs. 1 BetrVG die Zuständigkeit des Betriebsrats, soweit in Mobbinghandlungen eine Diskriminierung durch den Arbeitgeber oder Kollegen liegt. Geschützt sind auch Leiharbeiter, nicht jedoch leitende Angestellte." (*Benecke*, Rn. 369)

6.3 Einzelregelungen im Betriebsverfassungsgesetz

6.3.1 Behandlung von Beschwerden durch den Betriebsrat gemäß § 85 BetrVG

6.3.1.1 Allgemeines Beschwerderecht gemäß § 85 Abs. 1 BetrVG

Neben der allgemeinen Möglichkeit, ihr Beschwerderecht gegenüber dem Arbeitgeber wahrzunehmen, können sich Opfer von Mobbinghandlungen gemäß § 85 Abs. 1 BetrVG jederzeit ebenso an den Betriebsrat wenden.

Gegenstand der an den Betriebsrat gerichteten Beschwerde können alle Formen benachteiligender, ungerechter oder beeinträchtigender Behandlung durch Vorgesetzte oder andere Beschäftigte sein. Auch eine Beschwerde einer Gruppe von Beschäftigten zum gleichen Sachverhalt ist zulässig und kann im Einzelfall die Dringlichkeit und Berechtigung der vorgebrachten Beschwerdegründe verstärken.

Die Beschwerdeführer müssen jedoch persönlich betroffen sein. Eine „stellvertretende" Beschwerdeführung durch andere Beschäftigte oder durch eine im Betrieb vertretene Gewerkschaft ist ausgeschlossen.

Auch eine gleichzeitige Beschwerde an Arbeitgeber und Betriebsrat ist zulässig. „Welche der Verfahrensvarianten der Arbeitnehmer wählt, steht ihm völlig offen. Insbesondere kann er sich sowohl an den Arbeitgeber (bzw. die zuständige Stelle des Betriebs) als auch an den Betriebsrat wenden. Es existiert auch keine Rangfolge in der Weise, dass erst der Arbeitgeber und dann der Betriebsrat Adressat der Beschwerde sein soll. In der Praxis ist das aber oft der zweckmäßigste Weg." (*Benecke*, Mobbing, Rn. 359 f)

Der Betriebsrat ist verpflichtet, die eingegangene Beschwerde sorgfältig und zeitnah zum Eingang zu überprüfen.

Zu diesem Zweck kann er Gespräche mit dem Arbeitgeber und den zuständigen Stellen im Betrieb führen, ebenfalls Rücksprache mit dem Beschwerdeführer nehmen, um unklare Sachverhalte der Beschwerde eindeutiger zu klären. Auch können Kontakte zu Betroffenen und Beschuldigten hergestellt werden, um deren Sicht der Beschwerde in Erfahrung zu bringen.

Der Betriebsrat wird sich auch grundsätzlich über die vorgetragenen Sachverhalte, z. B. Klagen über die Nichteinhaltung von Vorschriften zum Arbeitsschutz und zur allgemeinen betrieblichen Gesundheitsfürsorge informieren. So kann er sich ein Urteil über die sachliche und objektive Berechtigung der Beschwerde bilden.

Außerdem kann er sich im Rahmen seiner Sitzungen auch sachdienliche Informationen durch innerbetriebliche und außerbetriebliche Stellen, beispielsweise auch durch die zuständige Arbeitsschutzbehörde beschaffen. Dabei kommt die Möglichkeit der Hinzuziehung außerbetrieblicher Sachverständiger nur infrage, wenn vorher alle innerbetrieblichen Informationsmöglichkeiten ausgeschöpft wurden.

Dem Betriebsrat stehen u. a. folgende Informationsrechte zur Verfügung:

- Arbeitgeber und von ihm beauftragte Sachverständige
- Sprechstunden
- Aufsuchen von Beschäftigten am Arbeitsplatz
- Fachliteratur
- Schulungsveranstaltungen
- Betriebsversammlungen
- Gewerkschaftsvertreter

- Fachliteratur
- Außerbetriebliche Sachverständige

§ 80 Abs. 2 BetrVG verpflichtet den Arbeitgeber, den Betriebsrat zur Durchführung seiner Aufgaben umfassend zu unterrichten und erforderlichenfalls ihm sachkundige Personen zur Verfügung zu stellen.

„Das Gesetz verlangt, dass dem Betriebsrat die Auskunftsperson „zur Verfügung gestellt wird“. Das bedeutet, dass der Betriebsrat in die Lage versetzt wird, ohne Einschränkung auf das Wissen der Auskunftsperson zurückgreifen zu können. So muss er der Auskunftsperson beispielsweise jederzeit Frage vorlegen können, die schriftlich zu beantworten sind. Eine andere Möglichkeit ist, von der Auskunftsperson in einer Betriebsratssitzung mündlich Auskunft zu erhalten.“ (*Klebe*, Seite 406)

6.3.1.2 Die Behandlung der Beschwerde durch den Betriebsrat

Lehnt der Betriebsrat es durch Beschluss ab, im Sinne der Beschwerde tätig zu werden und beim Arbeitgeber auf Abhilfe der Beschwerde hinzuwirken, da er die Beschwerdegründe für unberechtigt hält, hat er den Betroffenen darüber zu informieren.

Einen Rechtsanspruch auf Unterstützung seiner Beschwerde hat das tatsächliche oder vermeintliche Mobbingopfer nicht. In jedem Fall wird es sich aber für den Betriebsrat empfehlen, dem Betroffenen gegenüber die Gründe für seine Entscheidung darzulegen.

Beruht das Verhalten des Betriebsrates auf einer Pflichtverletzung gemäß § 23 Abs. 1 BetrVG, kann beim Arbeitsgericht ein Antrag auf Auflösung des gesamten Betriebsrates oder einzelner Mitglieder beantragt werden.

Die gesetzlichen Voraussetzungen für einen solchen Antrag dürften aber in der Regel selten erfüllt werden. Der Antrag an das Arbeitsgericht kann gestellt werden von

- einem Viertel der wahlberechtigten Arbeitnehmer,
- einer im Betrieb vertretenen Gewerkschaft,
- dem Arbeitgeber.

Über den Antrag entscheidet das zuständige Arbeitsgericht im Beschlussverfahren.

Das Mobbingopfer kann einen solchen Antrag nicht stellen. Auch wenn ihn die Vertretung der Beschäftigten nicht unterstützt, stehen dem Betroffenen uneingeschränkt weiterhin alle Schutzmöglichkeiten des Zivil-,

Straf- und nicht zuletzt des Arbeitsrechts zur Verfügung. Insbesondere bedeutet die Ablehnung des Betriebsrates keine Einschränkung der vertraglichen Fürsorgepflicht des Arbeitgebers, wie sie ebenso für Beschäftigte in Betrieben gilt, die aufgrund ihrer Größe oder sonstigen besonderen Bedingungen keinen Betriebsrat nach dem Betriebsverfassungsgesetz einrichten müssen.

Die vom Betriebsrat abgelehnte Unterstützung eines Beschäftigten, der sich gemobbt fühlt, wird sich in der Regel auf Fälle von Kollegenmobbing beziehen.

Der Betriebsrat und ebenso der Personalrat als Repräsentanten aller Beschäftigten vertreten auch denjenigen oder diejenigen, denen Mobbing vorgeworfen wird. Auch hat ein Beschuldigter zunächst das Recht der Unschuldsvermutung. Dieser rechtsstaatliche Grundsatz gilt uneingeschränkt auch bei Konflikten am Arbeitsplatz, umfasst Kollegen des Klägers, aber auch seine Vorgesetzten.

In der Praxis reagieren die des Mobbings Beschuldigte nicht selten mit einer eigenen Beschwerde und fordern ihrerseits Unterstützung.

Für die Vertretung der Beschäftigten ist es dann schwierig, sich Klarheit über die tatsächliche Mobbingsituation zu beschaffen. Auch mit Hilfe aller Informationsmöglichkeiten, die die gesetzlichen Regelungen Betriebsrat und Personalvertretung einräumen, ist eine genaue Unterscheidung zwischen Täter und Opfer zuweilen schwierig oder unmöglich.

Wie im allgemeinen menschlichen Bereich sind auch in der Arbeitswelt – das gilt auch für Mobbing-Beschwerden gegen Vorgesetzte und Arbeitgeber – menschliche Schwächen, mangelnde Arbeitsbereitschaft, Streitsucht, Ignoranz gegenüber eigenem Fehlverhalten und generell Sympathie und Antipathie anzutreffen.

Tatsächliche Schikanen von der Nichterfüllung der Pflichten des eingegangenen Arbeits- oder Dienstverhältnisses zu unterscheiden, kann die Mitglieder von Betriebsrat und Personalrat überfordern und sie dazu veranlassen, eine Beschwerde nicht gegenüber dem Arbeitgeber zu vertreten.

„Strukturell besteht für den Betriebsrat dabei das Problem, im Streit zwischen Arbeitnehmern Partei ergreifen zu müssen. Dies fällt den Betriebsräten schwerer als die im Betriebsverfassungsgesetz angelegte Vertretung der Arbeitnehmer in dem Interessengegensatz zwischen Arbeitnehmern und Arbeitgebern.“ (*Grünwald/Hille*, Seite 218)

Hält der Betriebsrat die Beschwerde für berechtigt, wird er sie gegenüber dem Arbeitgeber vertreten und sich für die Beseitigung der Mobbingsituation einsetzen.

Wird auch vom Arbeitgeber die Berechtigung der Beschwerde anerkannt, hat er im Rahmen seiner organisatorischen und personellen Möglichkeiten umgehend die Ursachen und Folgen der belastenden Situation zu beseitigen.

Dazu kann er aufgrund seines Direktionsrechts z. B. Beschäftigte versetzen oder umsetzen und Abmahnungen aussprechen. Ebenfalls hat er die Möglichkeit, gegen mobbende Beschäftigte gerichtlich vorzugehen, Schadensersatzforderungen zu erheben oder Strafantrag zu stellen.

Durch Änderung der Geschäftsverteilung zwischen den verschiedenen Führungsebenen des Betriebs können beispielsweise Mobbing begünstigende organisatorische oder hierarchische Strukturen verändert werden.

Der Betriebsrat ist gemäß § 85 Abs. 3 BetrVG über die getroffenen Maßnahmen zu unterrichten.

6.3.1.3 Das Einigungsstellenverfahren

Kommt zwischen den Betriebsparteien keine Einigung zustande, weil der Arbeitgeber die Beschwerde für nicht begründet hält, kann ein Verfahren vor der betrieblichen Einigungsstelle durchgeführt werden. „Allerdings liegt es im Ermessen des Betriebsrats, die Einigungsstelle anzurufen. Der von der Schikane Betroffene kann den Betriebsrat hierzu nicht zwingen.“ (*Kollmer*, Seite 83)

Die Einigungsstelle nach § 76 BetrVG setzt sich aus einer gleichen Anzahl von Beisitzern der Betriebsparteien und einem unabhängigen Vorsitzenden zusammen, auf den sich beide Seiten einigen müssen.

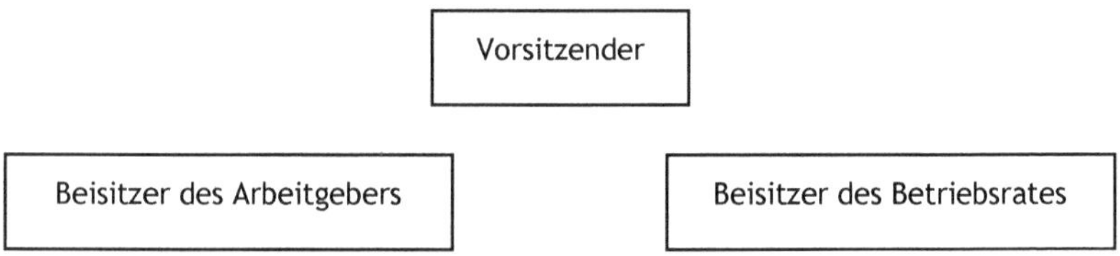

Die Einigungsstelle entscheidet durch Beschluss mit Stimmenmehrheit (§ 76 Abs. 3 BetrVG). Ihre Beschlüsse sind Arbeitgeber und Betriebsrat mitzuteilen.

Der Beschluss der Einigungsstelle ersetzt die Einigung zwischen den Parteien. Er ist verbindlich und verpflichtet beide Seiten.

Ausgenommen davon sind Beschwerden, die sich auf Rechtsansprüche beziehen, z. B.:

- Gewährung von Erholungsurlaub,
- tarifliche Eingruppierung,
- allgemeine tarifvertragliche Regelungen,
- Einhaltung von Mutterschutzfristen,
- Schutz von Jugendlichen und Auszubildenden.

Der Spruch der Einigungsstelle muss hinreichend bestimmt sein und in Mobbingfällen die konkreten Umstände benennen, die zur Beeinträchtigung und Verletzung des Beschwerdeführers geführt haben und die deshalb beseitigt werden müssen.

Konkrete Maßnahmen zur Änderung der Situation obliegen dann dem Arbeitgeber, diese werden nicht durch die Einigungsstelle bestimmt.

Gelangt die Einigungsstelle zur Erkenntnis, dass die Beschwerde offensichtlich unbegründet ist, hat sie ebenfalls die dafür maßgeblichen Sachverhalte zu benennen.

Wird eine Mobbingbeschwerde durch die Einigungsstelle nicht gestützt, werden davon im Grundsatz weitere Abwehrmaßnahmen des Betroffenen formalrechtlich nicht berührt. Faktisch werden aber ihre Erfolgsaussichten wahrscheinlich beeinträchtigt werden.

Das Opfer kann zur Unterstützung seiner Ansprüche nicht darauf verweisen, dass in einem Einigungsstellenverfahren seine Mobbingbeschwerde anerkannt wurde.

Die Tarifvertragsparteien können durch Tarifvertrag und die Betriebsparteien entsprechend durch Betriebsvereinbarung die Einzelheiten des innerbetrieblichen Beschwerdeverfahrens abweichend von § 85 BetrVG regeln. Die Einigungsstelle kann durch eine betriebliche Beschwerdestelle ersetzt werden (vgl. § 86 BetrVG). Diese ist paritätisch und mit einem in der Regel betriebsfremden Vorsitzenden zu besetzen und entscheidet abschließend über Beschwerden.

Die Einrichtung der Beschwerdestelle erfolgt als Bestandteil einer Vereinbarung auf betrieblicher oder überbetrieblicher (Konzern) Ebene und wird generell zur Abwehr von Mobbinghandlungen nur sinnvoll sein, wenn sie durch weitere Einzelregelungen zum betrieblichen Mobbing ergänzt wird (s. Kap. 6.5).

Besteht eine betriebliche Beschwerdestelle, kann die Einigungsstelle im Beschwerdeverfahren nicht mehr angerufen werden. Unberührt davon bleiben personelle Maßnahmen, die im Umfeld eines Beschwerdeverfahrens durchgeführt werden und bei denen es zu keiner Einigung zwischen Betriebsrat und Betrieb kommt.

6.3.2 Fragen der Ordnung des Betriebs und des Verhaltens der Arbeitnehmer gemäß § 87 Abs. 1 Ziffer 1 BetrVG

Von den in § 87 Abs.1 BetrVG aufgeführten mitbestimmungspflichtigen Angelegenheiten in sozialen Fragen sind insbesondere die Tatbestände

- Nr. 1 Fragen der Ordnung der Dienststelle und des Verhaltens von Arbeitnehmern im Betrieb sowie
- Nr. 7 Regelungen über die Verhütung von Arbeitsunfällen und Berufskrankheiten sowie über den Gesundheitsschutz im Rahmen der gesetzlichen Vorschriften oder der Unfallverhütungsvorschriften

von besonderer Relevanz bei der Bekämpfung von Mobbing.

In Fällen schikanöser technischer Überwachung der Arbeitsleistung und des Verhaltens der Beschäftigten auch

- Nr. 6 Einführung und Anwendung von technischen Einrichtungen, die dazu bestimmt sind, das Verhalten oder die Leistung der Arbeitnehmer zu überwachen.

Bei unzulässiger technischer Überwachung kann es sich beispielsweise um die rechtswidrige Installation von Videokameras im Betrieb handeln.

Das Mitbestimmungsrecht im Bereich der betrieblichen Ordnung bezieht sich dabei auf Regelungen, zu denen auch der Umgang mit Mobbing gehört. Der Betriebsrat besitzt hier ein erzwingbares Mitbestimmungsrecht. Regelungen zur Ordnung des Betriebes und zum Verhalten der Beschäftigten bedürfen in jedem Fall seiner Zustimmung.

Mitbestimmungsfrei sind dabei Maßnahmen, die sich auf das Arbeitsverhalten eines Beschäftigten beziehen und die dessen Arbeitspflicht unmittelbar konkretisieren, z. B. durch detaillierte Arbeitsanweisungen.

Neben der Bekämpfung von Mobbing ist der Betriebsrat (dies gilt in gleicher Weise auch für die Personalvertretung) beispielsweise bei folgenden Regelungen zu beteiligen:

- Anwesenheitskontrollen
- Biometrische Zugangskontrollen
- Tragen von Arbeits- oder Dienstkleidung

- Alkohol- und Rauchverbote
- Nutzung betrieblicher Parkplätze
- Ordnung des Betriebs der Kantine
- IT-Sicherheitsrichtlinien
- Tätigkeit des Werkschutzes

Stimmt der Betriebsrat einer vom Arbeitgeber beabsichtigten Regelung zur Mobbingverhütung nicht zu, entscheidet nach § 87 Abs. 2 BetrVG die Einigungsstelle. Dies gilt auch, wenn der Betriebsrat von seinem Initiativrecht Gebrauch macht und bei Nichteinigung über seinen Vorschlag die Einigungsstelle anruft.

Stimmt die Einigungsstelle dem Vorschlag des Betriebsrates zu, kann dieser somit faktisch eine Dienstvereinbarung zum Thema Mobbing erzwingen (s. Kap. 6.5)

Durch eine solche Dienstvereinbarung kann auch diskriminierendem Verhalten gemäß § 12 AGG vorgebeugt werden.

Neben dem Schutz einzelner Beschäftigter vor gesundheitsgefährdenden Arbeitsbedingungen ist der Betriebsrat ebenfalls verpflichtet, die Betriebsleitung bei der Wahrnehmung ihrer umfassenden Verantwortung für die Sicherheit und die Gesundheit der Beschäftigten zu unterstützen (§ 3 ArbSchG).

Defizite und Versäumnisse sind mit dem Arbeitgeber zu thematisieren mit dem Ziel der Abhilfe. „Der Betriebsrat hat den Arbeitgeber auf Gefahren im Betrieb und auf die Vernachlässigung von Schutzeinrichtungen aufmerksam zu machen sowie mit ihm über die Abstellung von Gefahren zu beraten.“ (*Pulte*, Kollektives Arbeitsrecht, Seite 89)

Dabei normiert das Arbeitsschutzgesetz für den Arbeitgeber insbesondere folgende Pflichten:

- Die zentrale Beurteilungs- und Dokumentationspflicht (§§ 5 und 6 ArbSchG)
- Anweisungs-, Unterrichtungs- und Unterweisungspflicht (§§ 9, 12 und 14 ArbSchG)
- Sicherstellung der konkreten Verantwortung (§§ 7 und 8 ArbSchG)
- Notfallmaßnahmen (§§ 10 und 11)

Auch wenn sich § 87 Abs. 1, Nr. 7 und § 89 BetrVG vorrangig auf Problembereiche des technischen Arbeitsschutzes beziehen, und es u. a. auch im § 2 Abs. 1 ArbSchG zunächst um die Verhütung von Arbeitsunfällen geht, schließt die Verpflichtung nach menschengerechter Gestaltung der Arbeit Mobbinghandlungen von Beschäftigten untereinander und von

Vorgesetzten grundsätzlich aus. „Der umfassend zu begreifende Begriff des Gesundheitsschutzes in § 87 Abs. 1, Ziffer 7 BetrVG erfasst neben der Verhütung von Arbeitsunfällen und Berufskrankheiten alle sonstigen vorbeugenden Maßnahmen, die der Erhaltung der psychischen und physischen Integrität gegenüber arbeitsbedingten Beeinträchtigungen dienen und die zur Verhinderung gesundheitlicher Schäden der Arbeitnehmer in Betracht kommen." (*Esser/Wolmerath*, Seite 261)

Der Betriebsrat hat beim Arbeitgeber wie auch in der Belegschaft das Verständnis für die Bedeutung psychischer und sozialer Faktoren für das persönliche Wohlbefinden am Arbeitsplatz, für die Identifikation der Beschäftigten mit dem Unternehmen und für das Betriebsklima insgesamt zu fördern.

Ebenfalls bieten die gesetzlichen Verpflichtungen den Betriebsparteien im Bereich des Arbeitsschutzes die Möglichkeit, dies durch eine Betriebsvereinbarung zu regeln. Entsprechend kann der Betriebsrat initiativ werden.

Dies gilt auch, wenn gemäß § 91 BetrVG durch Änderung der Arbeitsplätze, des Arbeitsablaufs und der Arbeitsumgebung Arbeitnehmer so belastet werden, dass die menschengerechte Gestaltung der Arbeit gefährdet ist. Entspricht der Betrieb den Vorschlägen des Betriebsrates zur Abwendung, Milderung oder zum Ausgleich der Belastungen nicht, kann die Einigungsstelle angerufen werden. Ihr Spruch ersetzt die Einigung zwischen Arbeitnehmervertretung und Betrieb.

6.3.3 Mitbestimmung bei personellen Einzelmaßnahmen gemäß § 99 BetrVG und §§ 100 bis 103 BetrVG

6.3.3.1 Allgemein

Durch seine Beteiligung im Rahmen der Mitbestimmung und Mitwirkung gemäß §§ 99 bis 103 BetrVG bei personellen Angelegenheiten erhält der Betriebsrat entscheidenden Einfluss bei der Auflösung einer Mobbingsituation, der Unterstützung von Mobbingopfern und der Sanktionierung von Tätern.

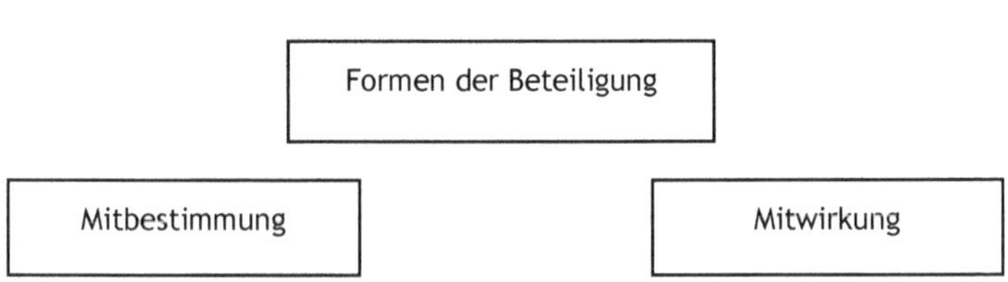

Die Mitwirkung räumt der Arbeitnehmervertretung folgende Rechte ein:

- § 90 Abs. 1 - Unterrichtung, z. B. über Arbeitsbedingungen
- § 90 Abs. 2 - Beratung, z.B. zu Arbeitsbedingungen
- § 102 - Anhörung, z. B. bei Kündigung

Über Maßnahmen, die der Mitwirkung unterliegen, ist der Betriebsrat zu unterrichten. Die vorgesehenen Planungen mit ihren Auswirkungen auf die Belegschaft hat der Arbeitgeber rechtzeitig mit dem Betriebsrat zu beraten; vom Betriebsrat können Bedenken und Einwendungen erhoben werden.

Allgemein kann die Arbeitnehmervertretung auf die endgültige Ausgestaltung nur mitwirkungspflichtiger Vorhaben des Betriebs im Rahmen der vertrauensvollen Zusammenarbeit durchaus erheblichen Einfluss nehmen. Letztlich verhindern kann sie die vorgesehenen Maßnahmen jedoch nicht; ein Einigungsstellenverfahren ist nicht vorgesehen.

Zu den personellen Einzelmaßnahmen, bei denen der Betriebsrat zu beteiligen ist, gehören:

- Einstellung,
- Versetzung,
- Umgruppierung und
- Kündigung.

6.3.3.2 Beteiligung bei Kündigungen

§ 102 Abs.1 BetrVG Kündigungen

„Der Betriebsrat ist vor jeder Kündigung zu hören. Der Arbeitgeber hat ihm die Gründe für die Kündigung mitzuteilen. Eine ohne Anhörung des Betriebsrats ausgesprochene Kündigung ist unwirksam.“

In der Praxis von Mobbingsituationen wird man im allgemeinen zwischen folgenden Kündigungsverfahren unterscheiden können:

- Eigenkündigung des Mobbingopfers
- Kündigung des Opfers durch den mobbenden Arbeitgeber
- Kündigung des Täters

Kündigt der gemobbte Beschäftigte seinen Arbeitsvertrag selbst auf, weil er sich den Angriffen und Schikanen nicht mehr gewachsen fühlt, wird der Betriebsrat nicht beteiligt. In größeren Betrieben wird er häufig keine Kenntnis über die Kündigung, noch weniger über eine eventuell vom Opfer gegebene Begründung erhalten.

Wird dem gemobbten Beschäftigten oder dem Täter aus Gründen arbeitsrechtlicher Sanktionen gekündigt, wirkt der Betriebsrat bei der Kündigung mit und ist anzuhören. Der Arbeitgeber hat ihm die Kündigungsgründe mitzuteilen. Diese müssen im Verhalten des Arbeitnehmers liegen (verhaltensbedingte Kündigung).

Die Kündigung eines Mobbingopfers, bei dem die schikanöse Behandlung mit dem Herausdrängen aus dem Arbeitsverhältnis endet, wird in der Regel mit folgenden Gründen gerechtfertigt werden:

- Vernachlässigung vertraglicher Arbeitspflichten
- Unzureichende Arbeitsleistung
- Langandauernde oder häufige kurzfristige Arbeitsunfähigkeit
- Beleidigung, Bedrohung etc. von Vorgesetzten
- Arbeitsverweigerung (bedingt durch Wahrnehmung des Zurückbehaltungsrecht an der Arbeitsleistung)

Hat sich der Betroffene bereits mit der Bitte um Unterstützung an den Betriebsrat gewandt, dürfte diesem der betriebliche und persönliche Hintergrund der Kündigungsabsicht bekannt sein.

Eine entsprechende Abmahnung ist dem Betriebsrat in aller Regel dann ebenfalls bekannt, auch entsprechende Beschwerden des Opfers beim Arbeitgeber.

Zusätzlich kann gemäß § 102 Abs. 2, Satz 4 BetrVG der betroffenen Arbeitnehmer vom Betriebsrat angehört werden. „Eine gesetzliche Verpflichtung des Betriebsrates, den betroffenen Arbeitnehmer in jedem Fall anzuhören, besteht nicht. Er hat hierüber nach pflichtgemäßem Ermessen zu entscheiden. Erfolgt keine Anhörung des Arbeitnehmers, so hat dies auf die Ordnungsmäßigkeit des Anhörungsverfahrens keinen Einfluss.“ (*Klebe* Betriebsverfassungsgesetz, Seite 553)

Unabhängig von einem bereits beim Betriebsrat vorhandenen Kenntnisstand, hat der Arbeitgeber sämtliche für seine Kündigungsabsicht maßgeblichen Vorfälle und Umstände darzulegen, beispielsweise über bereits ausgesprochene Abmahnungen zu informieren.

Diese Verpflichtung entfällt nur dann, wenn der Betriebsrat (gemäß § 104 BetrVG) die Kündigung eines Beschäftigten verlangt hat (s. Kap. 6.3.4).

Ebenfalls ist der Betriebsrat über den Inhalt des Arbeitsvertrages einschließlich mit dem Arbeitnehmer vereinbarter Nebenabreden und über dessen persönliche Situation zu informieren.

Der Betriebsrat erhält dadurch die Möglichkeit, die tatsächlich ausgeübte Tätigkeit des Arbeitnehmers mit seinen im Arbeitsvertrag bezeichneten Arbeitseinsatz zu vergleichen. Unter- oder Überforderung am Arbeitsplatz, Entzug von Arbeitsaufgaben oder Belastung mit zusätzlichen Tätigkeiten, für die der Arbeitnehmer nicht qualifiziert ist, bilden häufig den Kern von Mobbingaktionen.

Auch die Einsicht in die Personalakte (§ 83 BetrVG) verschafft dem Betriebsrat zusätzliche Informationen.

Widerspricht der Betriebsrat der Kündigung, wird sie damit nicht verhindert. Der begründete Widerspruch schafft aber für den Betroffenen einen Anspruch auf vorläufige Weiterbeschäftigung, falls er vor dem Arbeitsgericht nach dem Kündigungsschutzgesetzt Klage auf Weiterbestand des Arbeitsverhältnisses erhebt (§ 102 Abs. 5 BetrVG).

Soll durch ein Kündigungsverfahren ein gemobbter Arbeitnehmer aus dem Arbeitsverhältnis gedrängt werden, wird der Betriebsrat seine Ablehnung insbesondere damit begründen, dass der Arbeitnehmer an einem anderen Arbeitsplatz im gleichen oder in einem anderen Betrieb des Unternehmens weiterbeschäftigt werden kann (§ 102 Abs.2 Nr. 3 BetrVG).

Häufig geht nicht vom Arbeitgeber als natürlicher oder juristischer Person Mobbing aus, sondern von ihm mit Leitungsaufgaben beauftragten Beschäftigten z. B. Werksleitern, Abteilungsleitern, Meistern, Vorarbeitern etc. Eine Versetzung in einen anderen Betriebsteil entzieht das Opfer dem direkten Einflussbereich seiner bisherigen Vorgesetzten oder den Angriffen seiner Kollegen.

Der Beschäftigte erhält damit weiter seinen Arbeitsplatz. Es wird ihm gegebenenfalls ein langwieriger Kündigungsschutzprozess mit ungewissem Ausgang erspart. Weiter wird er davon ausgehen können, unter wesentlich geänderten hierarchischen oder kollegialen Bedingungen tätig zu werden. Das Opfer erhält die Möglichkeit, sich am neuen Arbeitsplatz wieder individuell und sozial zu integrieren.

Eine derartige Maßnahme kann der Betriebsrat mit dem Arbeitgeber aber nur unter der Bedingung des Erhalts des bisherigen Gehalts- und Lohnniveaus und der Weitergewährung bisher in Anspruch genommener betrieblicher Sozialleistungen etc. vereinbaren. Zusätzlich hat der neue Arbeitsplatz der fachlichen Qualifikation zu entsprechen.

Treffen die Betriebsparteien mit Einverständnis des Betroffenen eine solche einvernehmliche Regelung, wird es sich nicht selten um ein Mobbinggeschehen handeln, bei dem Täter und Opfer nicht eindeutig zu identifizieren sind.

Auch ist denkbar, dass der Beschäftigte die ihm gegenüber erfolgten Schikanen nicht eindeutig nachweisen kann oder Zeugen für Mobbinghandlungen fehlen.

Sind die Mobbingabsichten und entsprechende Aktionen eindeutig zuzuordnen, sind Arbeitgeber und Betriebsrat verpflichtet, entsprechend ihrer gesetzlichen Pflichten den Beschäftigten zu schützen und gegen den Mobber vorzugehen.

6.3.3.3 Beteiligung bei personellen Einzelmaßnahmen nach § 99 BetrVG

Bei den in § 99 Abs. 1 BetrVG aufgeführten Personalmaßnahmen:

- Einstellung,
- Umgruppierung,
- Versetzung

ist der Betriebsrat im Rahmen seiner Mitbestimmung zu beteiligen.

Beabsichtigt der Arbeitgeber, Täter und Opfer bei Mobbinghandlungen auf anderen Arbeitsplätzen zu beschäftigen, kann er dies nur mit Zustimmung des Betriebsrates durchführen.

Im Beteiligungsverfahren, die von einer Mobbingsituation ausgelöst werden, wird es im Regelfall um Versetzungsmaßnahmen gehen.

Als Versetzung ist eine Personalmaßnahme anzusehen, durch die der betreffende Arbeitnehmer auf Dauer einem anderen Arbeitsplatz zugewiesen wird und die von erheblichen Veränderungen seiner bisherigen Arbeitsbedingungen in räumlicher, technischer und organisatorischer Hinsicht gekennzeichnet ist.

Zu einer Umgruppierung kann es im Anschluss an eine Versetzung kommen, wenn der Beschäftigte aufgrund der veränderten fachlichen und persönlichen Anforderungen seines neuen Arbeitsplatzes tariflich höher oder niedriger einzugruppieren ist.

§ 99 BetrVG legt die Gründe für eine Zustimmungsverweigerung abschließend fest. Maßgeblich wird bei mobbingbedingten Versetzungen die Begründung in Abs. 2, Nr. 4 sein. Danach kann die Zustimmung verweigert werden, wenn der Betroffene durch die Maßnahme benachteiligt wird, ohne dass dies aus betrieblichen oder in der Person des Arbeitnehmers liegenden Gründen gerechtfertigt ist.

Gelangt der Betriebsrat zu der Überzeugung, dass die geplante Versetzung eine weitere Schikane gegenüber dem gemobbten Arbeitnehmer darstellt, wird er die Versetzung ablehnen. Die Ablehnung ist dem Arbeitgeber mit Gründen, im Regelfall innerhalb einer Frist von einer Woche mitzuteilen. Sie muss sich auf konkrete Tatsachen und Begründungen stützen, ein nur allgemeiner Verweis auf die im Gesetz aufgeführten möglichen Ablehnungsgründe macht die Ablehnung unwirksam.

§ 102 Abs. 4 BetrVG Mitbestimmung bei personellen Einzelmaßnahmen

„Verweigert der Betriebsrat seine Zustimmung, so kann der Arbeitgeber beim Arbeitsgericht beantragen, die Zustimmung zu ersetzen."

„Das Arbeitsgericht entscheidet im Beschlussverfahren. Der Arbeitgeber hat im Verfahren die Darlegungs- und Beweislast dafür, dass die vom Betriebsrat vorgetragenen Gründe zur Verweigerung der Zustimmung nicht gegeben sind." (*Klebe*, Seite 536)

Ein innerbetriebliches Einigungsstellenverfahren wie bei der Mitbestimmung in sozialen Angelegenheiten (§ 87 Abs. 2 BetrVG) findet nicht statt.

In Mobbingfällen, bei denen eine eindeutige Unterscheidung zwischen Mobber und Opfer nicht möglich ist, kann der Betriebsrat auch von der „Nichtäußerung" gemäß § 99 Abs. 3 Satz 2 BetrVG Gebrauch machen. Voraussetzung dafür ist ein Beschluss, sich zur geplanten Maßnahme nicht zu äußern. Damit gilt die Zustimmung als erteilt.

Auch wenn die Zustimmung des Betriebsrates durch einen Beschluss des Arbeitsgerichtes ersetzt werden kann, wird seine Beteiligung das Opfer häufig vor einer nicht gerechtfertigten Versetzung schützen. Dies gilt besonders dann, wenn als besonders schikanöses Mittel einer Mobbingstrategie die Versetzung wegen einer niedrigeren Eingruppierung mit finanziellen Nachteilen verbunden ist.

6.3.4 Die Entfernung von den Betriebsfrieden störenden Arbeitnehmern gemäß § 104 BetrVG

Da Mobbing regelmäßig den Betriebsfrieden stören wird, erhält der Betriebsrat durch die Regelung in § 104 BetrVG gegenüber Mobbingtätern eine sehr wirksame Möglichkeit, diese zur Änderung ihres Verhaltens zu zwingen oder die Entfernung aus dem Betrieb durchzusetzen.

Vom Arbeitgeber können sowohl die Versetzung und die Entlassung des mobbenden Beschäftigten verlangt werden.

Folgende Tatbestände müssen den Antrag begründen:

- Gesetzeswidriges Verhalten, z. B. Straftaten
- Grobe Verletzung der Bestimmungen des § 75 Abs. 1 BetrVG (diskriminierungsfreie Behandlung der Betriebsangehörigen)
- Rassistische und fremdenfeindliche Betätigungen
- Wiederholte und erhebliche Störungen

Hinsichtlich der zugrundeliegenden Verhaltensweisen stellt § 104 BetrVG weitaus höhere Anforderungen als in § 99 Abs. 2 Nr. 6. Danach kann der Betriebsrat eine Personalmaßnahme bereits ablehnen, wenn nur die Besorgnis der Störung des Betriebsfriedens besteht. Nach § 104 muss die Störung „wiederholt und ernstlich" sein.

Auch § 12 Abs. 3 AGG, der in inhaltlichem Zusammenhang zu § 104 BetrVG steht, verlangt wesentlich geringere Voraussetzungen für ein entsprechendes störendes Verhalten.

Bei Diskriminierung gemäß § 7 AGG reichen schon „Verstöße" des Arbeitnehmers, um geeignete, erforderliche und angemessene personelle Maßnahmen des Arbeitgebers von der Abmahnung bis zur Kündigung zu rechtfertigen.

Mobbinghandlungen als in der Regel länger andauernde Verletzungen und Schikanen erfüllen häufig in Verbindung mit strafbaren Handlungen und erheblichen Benachteiligungen fast immer die engeren Voraussetzungen für einen entsprechenden Antrag an den Arbeitgeber. „Die Wahl zwischen Entlassungs- und Versetzungsverlangen hat der Betriebsrat unter Berücksichtigung des Grundsatzes der Verhältnismäßigkeit zu treffen." (*Wickler*, Seite 254)

Lehnt der Arbeitgeber das Versetzungs- oder Kündigungsverlangen ab, kann der Betriebsrat einen entsprechenden Antrag dem Arbeitsgericht zur Entscheidung vorlegen. Entspricht das Gericht dem Antrag, hat der Arbeitgeber die Entscheidung des Gerichtes durchzuführen. Ansonsten läuft er Gefahr, zu einem Zwangsgeld in Höhe von bis zu täglich 250 € verurteilt zu werden.

§ 104 BetrVG findet keine Anwendung auf leitende Angestellte. Diese Einschränkung begrenzt die Möglichkeiten des Betriebsrates, auf Mobbing von Vorgesetzten wirkungsvoll zu reagieren.

6.3.5 Die Verletzung von gesetzlichen Pflichten durch den Arbeitgeber gemäß § 23 Abs. 3 BetrVG

Der Betriebsrat, ebenso eine im Betrieb vertretene Gewerkschaft können sich bei groben Pflichtverstößen des Arbeitgebers gegen seine Verpflichtung, Mobbing im Einzelfall und strukturell zu verhindern, an das Arbeitsgericht wenden.

Persönlichkeitsverletzende Mobbinghandlungen als kontinuierliche Schikanen mit erheblichen nachteiligen Folgen für die Betroffenen werden regelmäßig den Tatbestand grober Pflichtverstöße erfüllen.

Verstöße beziehen sich dabei auf

- eigene Mobbinghandlungen des Arbeitgebers,
- Duldung, Unterstützung und Förderung von Mobbinghandlungen,
- Behinderung des Betriebsrates bei der Unterstützung von Mobbingopfern und bei der allgemeinen Mobbingprävention.

Der Antrag an das Gericht zielt darauf ab, den Arbeitgeber zur „Unterlassung", „Duldung" oder „Vornahme" einer Handlung zu zwingen. In der Realität eines Mobbingprozesses wird es in den meisten Fällen um die Unterlassung schikanöser Behandlung gehen. „Zu denken ist diesbezüglich beispielhaft an die Zuweisung von Arbeitsaufgaben an den Mobbingbetroffenen in einer dem Arbeitsvertrag entsprechenden Weise, die Zuweisung des alten Arbeitsplatzes bei einer zum Zwecke der Diskriminierung erfolgten Versetzung, die Unterlassung der Zuweisung „kränkender", vertragswidriger sowie diskriminierender Arbeitsaufgaben sowie die Unterlassung von ständiger unberechtigter Kritik an der Person des Mobbingbetroffenen und / oder an seiner Arbeit." (*Wolmerath*, Mobbing im Betrieb, Seite 255)

Ein grober Pflichtverstoß liegt auch vor, wenn der Arbeitgeber sich weigert, Beschwerden von Beschäftigten oder dem Betriebsrat zugegangenen Beschwerden nachzugehen oder ihnen abzuhelfen.

Generell kann im Rahmen des § 23 Abs. 3 BetrVG auch die Nichtbeachtung von Beteiligungs- und Initiativrechten des Betriebsrates in Mobbingfällen dem Gericht vorgelegt werden.

Das gerichtliche Verfahren besteht aus zwei Stufen:

- Erkenntnisverfahren,
- Vollstreckungsverfahren.

Im Erkenntnisverfahren wird dem Arbeitgeber ein bestimmtes Verhalten vom Gericht aufgegeben. Das Vollstreckungsverfahren regelt die Durchsetzung der arbeitsgerichtlichen Entscheidung.

Gemäß§ 83 Abs. 1 ArbGG ist das Gericht zur umfassenden Beweisaufnahme und Ermittlung des Sachverhalts verpflichtet. Zur Aufklärung der vom Betriebsrat vorgetragenen Tatbestände kann sich das Gericht an alle Beteiligte richten, auch an das Opfer.

Auch die Beantragung einer einstweiligen Verfügung ist zulässig. Eine Eilentscheidung des Gerichts ist gerade bei einer Mobbingsituation geboten, um die gravierenden Auswirkungen auf das Opfer, beispielsweise für seine physische und psychische Gesundheit zu beenden.

Mit dem Antrag an das Gericht kann gleichzeitig die Androhung eines Ordnungsgeldes verlangt werden, falls der Arbeitgeber die ihm durch Beschluss auferlegten Verpflichtungen nicht beachtet.

Im Rahmen des Vollstreckungsverfahrens nach § 85 Abs. 1ArbGG ist auch die Verhängung eines Zwangsgeldes möglich, das der Durchsetzung des Beschlusses dient. Antragsberechtigt sind der Betriebsrat und eine im Betrieb vertretene Gewerkschaft. Der Höchstbetrag des Ordnungs- und Zwangsgeldes beträgt 10 000 €.

6.4 Regelungen im Personalvertretungsrecht

6.4.1 Besondere Voraussetzungen für die Personalvertretung im öffentlichen Dienst

Mobbing erfolgt in der Privatwirtschaft und im öffentlichen Dienst in gleicher Weise. Unterschiede in Bezug auf die Häufigkeit und Intensität können empirisch nicht belegt werden. Mobbingbekämpfung ist ebenso eine Verpflichtung der Betriebsparteien in der öffentlich-rechtlich verfassten Verwaltung und in privatrechtlich organisierten Betrieben und Unternehmen. Dementsprechend unterscheiden sich die allgemeinen Verpflichtungen für die Arbeitnehmervertretungen kaum; stellenweise werden sie wortgleich formuliert.

Erhebliche Unterschiede ergeben sich bei den Möglichkeiten, die Pflichten und Rechte der Arbeitnehmervertretung durchzusetzen.

Generell räumt das Betriebsverfassungsgesetz beim Umgang mit Mobbing wie auch bei zahlreichen anderen Feldern der betrieblichen Mitbestimmung weitaus wirkungsvollere Interventions- und Abwehrmöglichkeiten ein.

Betriebsverfassungsrecht	Personalvertretungsrecht
Beschwerderecht bis zur Einigungsstelle (§ 85BetrVG)	Beschwerderecht ohne Einigungsstelle (§ 68 Abs. 1 Nr. 3 BPersVG)
Sanktionen gegen den mobbenden Arbeitgeber (§ 23 Abs.3 BetrVG)	Keine direkten Sanktionen möglich
Antrag auf Entfernung betriebsstörender Arbeitnehmer (§ 104 BetrVG)	Kein Antragsrecht
Uneingeschränkte (erzwingbare) Mitbestimmung (§ 87 BetrVG)	Eingeschränkte Mitbestimmung und Mitwirkung (§ 75 BPersVG)

Direkte gerichtliche Sanktionen gegen mobbende Arbeitnehmer oder den Arbeitgeber sind im Personalvertretungsgesetz nicht vorgesehen. Bei der Unterstützung von Beschwerden kann die Einigungsstellen nicht angerufen werden, die Beteiligungsrechte bei personellen Maßnahmen sind zum Teil ungleich schwächer ausgestaltet.

Die Ursachen für diese Regelungen liegen in der besonderen rechtlichen Verfassung des öffentlichen Dienstes und dem ihr nachgebildeten Personalvertretungsrecht.

Ausdruck dieser Verfassung sind insbesondere:

- Verwaltungen nehmen demokratisch legitimierte öffentliche Aufgaben wahr, die letztlich durch parlamentarische Gremien kontrolliert werden.
- Die Verantwortung, z. B. gegenüber Parlament und Regierung legitimieren ein Letztentscheidungsrecht der Dienststelle.
- Das Personalvertretungsrecht gilt für vom Status unterschiedliche Gruppen von Beschäftigten, Beamte, Arbeitnehmer, Richter, Hochschullehrer und Soldaten.
- Die materiellen Rechtsbeziehungen der Gruppe der Beamten werden durch das Beamtenrecht abschließend geregelt und begründen ein grundgesetzlich festgelegtes besonderes Treueverhältnis zum Dienstherrn.

„Diese zentralen Besonderheiten des öffentlichen Dienstrechts stehen dem Versuch entgegen, die betriebliche Mitbestimmung den Grundsätzen des allgemeinen, kollektiven Arbeitsrechts zu unterstellen, und sind ausschlaggebend dafür, dass für die Wahrnehmung der Beschäftigtenrechte im öffentlichen Dienst ein vom allgemeinen Betriebsverfassungsrecht abgesetztes Sonderrecht geschaffen wurde, das – obwohl von der Funktion her dem kollektiven Arbeitsrecht zugehörig – verwaltungsrechtlich ausgebildet ist und im Streitfall nicht von den Arbeitsgerichten, sondern den Verwaltungsgerichten beurteilt werden muss.“ (*Baden*, Seite 11)

Zudem hat die Rechtssprechung der letzten Jahre die Notwendigkeit der demokratischen Legitimation von Maßnahmen der Dienststelle weiterentwickelt.

So trifft mittlerweile auch in Angelegenheiten der Arbeitnehmer des öffentlichen Dienstes die Behörde die abschließende Entscheidung und kann sich über Beschlüsse der Einigungsstelle, wie bisher schon im Bereich der Beamten, hinwegsetzen.

Trotz dieser Einschränkungen stehen der Personalvertretung durchaus wirksame rechtliche Möglichkeiten zur Verfügung, um die Beschäftigten vor Mobbinghandlungen zu schützen. Wegen der im Einzelfall rechtlich schwachen Position ist der Personalrat stärker noch als der Betriebsrat darauf angewiesen, alle Möglichkeiten der vertrauensvollen Zusammenarbeit mit der Dienststelle zu nutzen.

6.4.2 Die Entgegennahme von Beschwerden gemäß § 68 Abs. 1 Nr. 3 BPersVG

Die Personalvertretung nimmt Anregungen und Beschwerden von Beschäftigten entgegen und wirkt, falls sie diese für berechtigt hält, durch Verhandlungen mit der Dienststelle darauf hin, dass die Ursachen beseitigt werden.

Mobbingbeschwerden werden sich vorwiegend auf die individuellen Belastungen durch unzumutbare Arbeitsbedingungen, Belästigungen oder ungerechte Behandlung beziehen, ebenso auf Benachteiligungen gemäß § 1 AGG.

Die Beschwerde ist an keine bestimmte Form gebunden, kann mündlich oder schriftlich vorgebracht werden und kann zeitgleich mit einer Beschwerde bei der Dienststelle erhoben werden. Zur Entgegennahme ist der gesamte Personalrat, aber auch ein einzelnes Mitglied berechtigt und verpflichtet.

Zum Unterschied zu einer „Anregung“ muss der Beschwerdeführer persönlich an seinem Arbeitsplatz betroffen sein.

Beschäftigte, die eine Beschwerde an den Personalrat richten, dürfen deshalb weder behindert noch benachteiligt werden.

Ist der Personalrat zuständig, kann er bei der Überprüfung der Beschwerde von den ihm gesetzlich zustehenden Informationsansprüchen Gebrauch machen.

Der Dienststellenleiter entscheidet abschließend und teilt dies dem Personalrat mit, der den Beschwerdeführer unterrichtet. Weigert sich die Dienststelle, der Beschwerde abzuhelfen, sind die rechtlichen Möglichkeiten des Personalrates damit zunächst erschöpft.

Ein Einigungsstellenverfahren wie im Betriebsverfassungsgesetz ist nicht vorgesehen. Daneben bleibt es dem Personalrat unbenommen, aufgrund der Beschwerde einen Initiativantrag zu stellen. Das weitere Verfahren bestimmt sich dann nach § 70 Abs. 1 und 2 BPersVG.

6.4.3 Maßnahmen zur Verhütung von Dienst- und Arbeitsunfällen und sonstigen Gesundheitsschädigungen gemäß § 75 Abs. 3 Nr. 11 BPersVG

§ 75 Abs. 3 Nr. 11 BPersVG (Uneingeschränkte Mitbestimmung)

„Der Personalrat hat, soweit eine gesetzliche oder tarifliche Regelung nicht besteht, gegebenenfalls durch Abschluss von Dienstvereinbarungen mitzubestimmen über…

11. Maßnahmen zur Verhütung von Dienst- und Arbeitsunfällen und sonstigen Gesundheitsschädigungen"

Im Gegensatz zu § 87 Abs. 1 Nr. 7 BetrVG räumt das Gesetz dem Personalrat weiterreichende Beteiligungsmöglichkeiten ein. Der Betriebsrat kann ausschließlich im Rahmen der gesetzlichen Vorschriften und der Unfallverhütungsvorschriften tätig werden, die Personalvertretung bestimmt dagegen über Maßnahmen zur Verhütung allgemeiner Gesundheitsschädigungen mit, die im Hinblick auf die besonderen Aufgaben der Dienststelle notwendig werden können.

In Ermangelung eindeutiger gesetzlicher Regelungen zur Verhütung von Mobbing eröffnet sich für die Personalvertretung damit in rechtlich abgesicherter Weise die Möglichkeit entsprechende dienststelleninterne Einzelregelungen oder eine umfassende Dienstvereinbarung zu beantragen.

Beabsichtigt die Dienststelle Maßnahmen zum Unfall- und Gesundheitsschutz, die auch der Beseitigung und Abwehr von Mobbing dienen, kann sie diese (zunächst) nur mit Zustimmung des Personalrates durchsetzen.

Die Beteiligung der Personalvertretung im Rahmen der Gesundheitsfürsorge der Behörde wird zusätzlich ergänzt durch

- § 75 Abs. 3 Nr. 10 BPersVG Mitbestimmung bei der Bestellung von Vertrauens- oder Betriebsärzten

- § 75 Abs. 3 Nr. 16 BPersVG Mitbestimmung bei der Gestaltung der Arbeitsplätze
- § 81 BPersVG Allgemeine Beteiligung beim Arbeitsschutz
- § 68 Abs. 1 Nr. 2 BPersVG Überwachung der zugunsten der Beschäftigten geltenden rechtlichen Bestimmungen

Im Rahmen des präventiven Gesundheitsschutzes kann die Personalvertretung von ihrem Initiativrecht gemäß § 70 Abs. 1 BPersVG Gebrauch machen. Sie kann dadurch nicht nur Maßnahmen und Regelungen beantragen, die die Dienststelle zum Handeln auffordern. Durch seine Initiative kann der Personalrat die Dienststelle ebenso zur Unterlassung bestimmter Handlungen auffordern. Durch einen Initiativantrag kann die Personalvertretung beispielsweise eine Änderung der Verfahrensregelungen zur Kontrolle und Wiedereingliederung erkrankter Beschäftigter fordern.

Kommt eine Einigung nicht zustande, so entscheidet die Einigungsstelle nach § 69 Abs. 4 BPersVG.

6.4.4 Regelung der Ordnung in der Dienststelle und des Verhaltens der Beschäftigten gemäß §§ 75 und 76 BPersVG

Neben dem Gesundheitsschutz nimmt die Personalvertretung im Bereich von Mobbingsituationen folgende zusätzliche Mitbestimmungsrechte wahr:

§ 75 Abs. 3 Nr. 15 BPersVG Regelung der Ordnung in der Dienststelle und des Verhaltens der Beschäftigten

§ 75 Abs. 3 Nr. 16 BPersVG Gestaltung der Arbeitsplätze

§ 75 Abs. 3 Nr. 17 BPersVG Einführung und Anwendung technischer Einrichtungen, die dazu bestimmt sind, das Verhalten oder die Leistung der Beschäftigten zu überwachen

In diesen für die Behandlung der Beschäftigen durch Vorgesetzte oder auch für den Umgang von Arbeitnehmern untereinander wesentlichen Bereichen entschied bisher bei Nichteinigung zwischen Personalrat und Dienststelle die Einigungsstelle abschließend durch Beschluss (uneingeschränktes Mitbestimmungsrecht).

Mittlerweile kann die Einigungsstelle nach der Rechtsprechung von BVG und BVerwG nur noch eine Empfehlung an die Dienststelle aussprechen, die dann endgültig entscheidet (eingeschränkte Mitbestimmung).

Eingeschränkt bestimmt der Personalrat nach § 76 Abs. 2 BPersVG zusätzlich über:

> § 76 Abs. 2 Nr. 5 BPersVG Maßnahmen zur Hebung der Arbeitsleistung und Erleichterung des Arbeitsablaufs
>
> § 76 Abs. 2 Nr. 7 BPersVG Einführung grundlegend neuer Arbeitsmethoden
>
> § 76 Abs. 2 Nr. 10 BPersVG Maßnahmen, die der Durchsetzung der tatsächlichen Gleichberechtigung von Frauen und Männern, insbesondere bei der Einstellung, Beschäftigung, Aus-, Fort- und Weiterbildung und dem beruflichen Aufstieg dienen.

Mittelbar können auch in diesen wesentlichen Feldern betrieblicher Abläufe belastende, benachteiligende und diskriminierende Situationen für die Beschäftigten entstehen, die Arbeitgeber und Personalvertretung gemeinsam verhindern sollen. „Bei der Ausübung des Mitbestimmungsrechts hat der Personalrat u. a. die in § 67 Abs. 1 Satz 1 geregelten allgemeinen Grundsätze für die Behandlung der Beschäftigten, insbesondere die Gleichbehandlungsgrundsätze und die Benachteiligungsverbote, sowie die Persönlichkeitsrechte der Beschäftigten zu beachten, auch wenn Letzeres anders als in § 75 Abs. 2 Satz 1 BetrVG im BPersVG nicht ausdrücklich bestimmt ist.“ (*Altvater/Hamer*, Seite 987)

Enge Zusammenhänge ergeben sich in der Praxis beispielsweise zwischen der Beteiligung bei der Einführung technischer Überwachungseinrichtungen und den Maßnahmen zur Hebung der Arbeitsleistung. Gestützt auf sein Mitbestimmungsrecht kann der Personalrat insbesondere bei Fragen der elektronischen Überwachung der Beschäftigten Eingriffe in die Persönlichkeitsrechte der Beschäftigten verhindern. Aufgabe der Personalvertretung kann dabei nicht die Verhinderung zeitgemäßer Formen der Technisierung im Bereich der Verhaltens- und Leistungskontrolle sein, vielmehr hat sie zu überwachen, ob diese Maßnahmen rechtlich zulässig gestaltet werden.

Grundsätzlich geht es nicht darum, zeitgemäße Formen der Technisierung im Bereich von Verhaltens- und Leistungskontrollen zu verhindern, sondern darum, diese Maßnahmen rechtlich zulässig zu gestalten.

Benachteiligungen aufgrund des Geschlechts sollen durch die Beteiligung gemäß § 76 Abs. 2 Nr. 10 BPersVG vermieden werden. Insbesondere erhält der Personalrat die Aufgabe, allgemeine Maßnahmen zur Unterbindung von Benachteiligungen zu fördern und durch Abschluss von Dienstvereinbarungen rechtlich abzusichern. Dabei sind die Bestimmungen des Bundesgleichstellungsgesetzes (BGleiG) für den Personalrat Richtschnur und Ausgangspunkt.

Beispiele von Maßnahmen

- Aufstellung eines Gleichstellungsplanes (§ 11 BGleiG)
- Übertragung von Leitungs- und Beförderungsstellen an Frauen (§§ 5 – 11 BGleiG)
- Förderung der Aufgaben von Gleichstellungsbeauftragten
- Einrichtung von Arbeitskreisen etc. zur besseren Vereinbarkeit von Beruf und Familie
- Entwicklung von Teilzeitmodellen
- Einrichtung von Heimarbeitsplätzen

6.4.5 Mitbestimmung bei Personalangelegenheiten gemäß § 75 Abs. 1 BPersVG und § 76 Abs. 2 BPersVG

Entsprechend der Unterteilung der Beschäftigten des öffentlichen Dienstes in Arbeitnehmer und Beamte sind die Beteiligungsrechte gestaltet. Für Soldaten und Richter gelten ähnliche Regelungen wie für die Beamten.

§ 75 Abs. 2 BPersVG regelt für Arbeitnehmer und § 76 Abs. 2 BPersVG für Beamte die in Mobbingsituationen vorgesehene Mitbestimmung bei:

- Umsetzung und Versetzung,
- Abordnung,
- Übertragung einer höher oder niedriger zu bewertenden Tätigkeit,
- Eingruppierung,
- Beförderung.

Die Personalvertretung wird sich bei Personalmaßnahmen, die durch Mobbinghandlungen verursacht sind, von ähnlichen Überlegungen wie der Betriebsrat leiten lassen. Es wird zu unterscheiden sein, ob es sich um Opfer oder Täter handelt oder eine solche Zuordnung nicht eindeutig vorgenommen werden kann.

Die Ablehnung von Maßnahmen der Dienststelle ist zu begründen. Die Begründungen listet § 77 Abs. 2 Nr. 1 – 3 BPersVG (Versagenskatalog) abschließend auf. Auch kann der Beschäftigte gehört werden (§ 69 Abs. 2 Satz 6 BPersVG).

Fast wortgleich mit § 79 Abs. 2 BetrVG kann die Zustimmung mit folgenden Gründen verweigert werden:

- Verstoß gegen gesetzliche Bestimmungen, Verordnungen, Tarifvertrag, gerichtliche Entscheidungen, Frauenförderplan oder eine Verwaltungsanordnung
- Unbegründete dienstliche Benachteiligung von Beschäftigten
- Besorgnis der Störung des Friedens in der Dienststelle durch unsoziales oder gesetzwidriges Verhalten

Der Personalrat kann personelle Maßnahmen durch Initiativantrag (§ 70 BPersVG) fordern, nicht jedoch die Entlassung eines mobbenden Beschäftigten wie in § 104 BetrVG.

Einfluss auf dessen Sanktionierung bietet nur die Beteiligung bei einem Wechsel des Arbeitsplatzes, aber auch bei Höhergruppierungen oder Beförderungen. „Die Frage, ob ein Beschäftigter oder Bewerber den Frieden in der Dienststelle stören wird, stellt sich nicht nur bei Einstellung, Versetzung oder Abordnung. Sie kann auch bei einer Übertragung einer höherwertigen Tätigkeit von Bedeutung sein, weil so ein Beschäftigter in eine Vorgesetztenfunktion gelangen kann und dadurch die Störung ausgelöst wird. Auch hier muss der Personalrat bei seiner Zustimmungsverweigerung konkrete Tatsachen anführen, die die Besorgnis der Friedensstörung begründet.“ (*Altvater*, Bundespersonalvertretungsgesetz, Basiskommentar, Seite 319)

Ergibt sich zwischen Personalrat und Dienststelle keine Einigung, kann die Einigungsstelle (§ 69 Abs. 4 BPersVG) angerufen werden. Im Einigungsverfahren beschließt die Einigungsstelle eine Empfehlung an die Dienststelle, diese entscheidet endgültig.

Bei mehrstufigen Verwaltungen ist dem Verfahren vor der Einigungsstelle ein Stufenverfahren vorgeschaltet. Einigen sich die örtliche Personalvertretung und die Dienststelle nicht, so kann die strittige Angelegenheit der übergeordneten Dienststelle vorgelegt werden, bei der ein Personalrat besteht (Bezirkspersonalrat).

Das Beteiligungsverfahren ist auf jeder Stufe zwischen Personalrat und Dienststelle innerhalb der gleichen Verfahrensregelungen (Fristen etc.) durchzuführen.

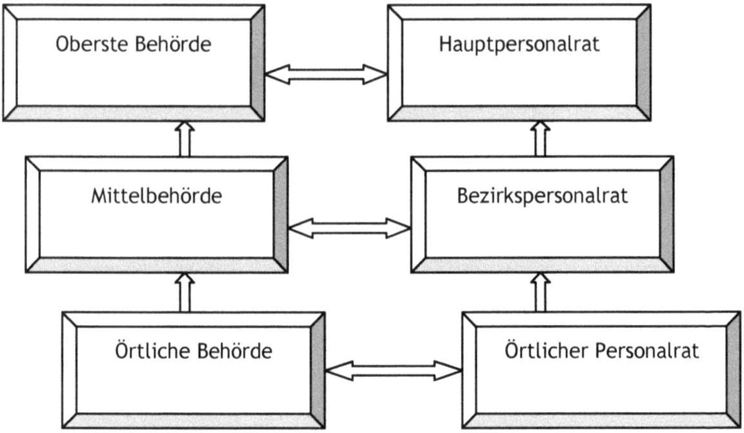

Erst wenn sich zwischen der obersten Dienstbehörde und der bei ihr bestehenden Personalvertretung (Hauptpersonalrat) keine Einigung ergibt, kann die Einigungsstelle angerufen werden.

Diese wird in der Besetzung mit jeweils drei Beisitzern und einem unparteiischen Vorsitzenden tätig.

Stufenverfahren, die dem dreistufigen Aufbau vieler Verwaltungen entsprechen, finden beispielsweise in zahlreichen Verwaltungen von Bund und Ländern statt, z. B. im Geschäftsbereich eines Ministeriums.

Solange das förmliche Mitbestimmungsverfahren noch nicht beendet ist, besteht auf jeder Stufe die Möglichkeit der Einigung. Auch kann der entsprechende Antrag von beiden Seiten zurückgezogen werden.

So kann die Dienststelle ihre Absicht, einen gemobbten Beschäftigten zu versetzen, auf jeder Ebene des Verfahrens aufgrund der Einwände des zuständigen Personalrats oder einer anderen Bewertung der vorgesetzten Behörde aufgeben.

Umgekehrt kann die Stufenvertretung (Bezirks- und Hauptpersonalrat) einen Initiativantrag der örtlichen Personalvertretung auf Versetzung eines mobbenden Vorgesetzten, den sie aus ihrer Sicht für unbegründet hält, nicht weiter gegenüber der Dienststelle vertreten.

Während des Verfahrens ist die beabsichtigte Maßnahme auszusetzen, abgesehen von der Möglichkeit des Dienststellenleiters gemäß § 69 Abs. 5 BPersVG eine vorläufige Regelung zu treffen.

Die Problematik eines Stufenverfahrens für ein Mobbingopfer besteht darin, dass sich wahrscheinlich während der Dauer des Verfahrens an seiner Situation am Arbeitsplatz nichts ändert und die physischen und psychischen Mobbingfolgen zunehmend belastender werden.

6.4.6 Mitwirkung und Anhörung nach § 78 BPersVG

Mitzuwirken hat die Personalvertretung bei

- Vorbereitung von Verwaltungsanordnungen für die innerdienstlichen, sozialen und persönlichen Angelegenheiten der Beschäftigten (§ 78 Abs. 1 Nr. 1BPersVG)
- Erhebung der Disziplinarklage gegen einen Beamten (§ 78 Abs. 1 Nr. 3 BPersVG)
- Entlassung von Beamten auf Probe oder auf Widerruf (§ 78 Abs. 1 Nr. 4 BPersVG)
- Kündigungsverfahren (§ 79 Abs. 1 BPersVG)

Gemäß § 78 Abs. 2 Satz 2 BPersVG setzt die Mitwirkung bei der Disziplinarklage und der Entlassung eines Beamten nach § 78 Abs. 1 Nr. 4 BPersVG die Zustimmung des Betreffenden voraus.

Das Verfahren bei der Kündigung entspricht § 102 BetrVG, da es auf der gleichen rechtlichen Grundlage des Kündigungsschutzgesetzes beruht. Im Gegensatz zum Betriebsrat wird der Personalrat nicht nur angehört, sondern wirkt mit.

Die Mitwirkung als stärker ausgestaltete Form der Beteiligung räumt der Personalvertretung gemäß § 72 BPersVG die Möglichkeit ein, sich bei Nichteinigung an die übergeordnete Dienststelle zu wenden. Diese entscheidet nach Verhandlung mit der bei ihr bestehenden Stufenvertretung endgültig (§ 72 Abs. 4 BPersVG). Ein Einigungsstellenverfahren findet nicht statt.

Handelt es sich bei den Beteiligten in einem Mobbingverfahren um Beschäftigte im Beamtenverhältnis, hat der Personalrat die Möglichkeit, im Rahmen der Erörterung auf den verschiedenen Ebenen der Verwaltung alternative personelle Maßnahmen durchzusetzen. So kann die beabsichtigte Entlassung eines beamteten Mobbingopfers beispielsweise in eine zeitlich begrenzte Abordnung oder in eine Versetzung umgewandelt werden.

Vorgesehene disziplinare Maßnahmen im Beamtenbereich können zugunsten der Beschäftigten in mildere Sanktionen des Disziplinarrechts umgewandelt werden. Die Dienststelle kann z. B. auf die Erhebung der Disziplinarklage verzichten und sich mit einer Disziplinarverfügung begnügen (vgl. Kap. 4.3.4). „Dabei kann sie die von der nachgeordneten Dienststelle beabsichtigte Maßnahme auch mit abgeändertem Inhalt vorlegen. Das gilt auch dann, wenn damit eine neue mitwirkungs- oder mitbestimmungspflichtige Maßnahme verbunden ist.“ (*Altvater/Hamer*, Seite 862, Rn. 16)

Die Entscheidung darüber trifft die im Stufenverfahren angerufene Dienststelle.

Möglichkeiten zur Mobbingabwehr kann der Personalrat auch bei seiner Mitwirkung bei Verwaltungsanordnungen (§ 78 Abs. 1 Nr. 1 BPersVG) wahrnehmen. Zu solchen Anordnungen gehören Erlasse, Rundschreiben oder Verfügungen, die sich auf die Beschäftigten insgesamt oder auf bestimmte Gruppen beziehen und die verwaltungsintern verbindlich sind.

Ein Anhörungsrecht (§ 78 Abs. 5 BPersVG) besitzt der Personalrat bei grundlegenden Veränderungen von Arbeitsverfahren und Arbeitsabläufen, bei fristlosen Entlassungen und außerordentlichen Kündigungen (§ 75 Abs.3 und 4 BPersVG). Der Personalrat kann Stellung zu den beabsichtigten Maßnahmen nehmen, begründete Bedenken hat er der Dienststelle mitzuteilen. Die Dienststelle entscheidet nach Prüfung der Bedenken des Personalrates. Ein Stufenverfahren findet nicht statt.

6.5 Betriebs- und Dienstvereinbarungen

Abwehr und Verhinderung von Mobbing werden in der betrieblichen Praxis durch eine Betriebs- oder Dienstvereinbarung am wirkungsvollsten verwirklicht. „Insbesondere ist hierzu nicht nur eine Reaktion auf bereits aktuelle Fälle möglich, sondern Betriebsvereinbarungen haben aufgrund ihrer normativen Wirkung bereits präventiven Charakter, können also durch Regeln über das Miteinander im Betrieb vorbeugend wirken und unter Umständen abschreckenden Inhalt haben.“ (*Benecke*, Rn. 385)

Betriebsvereinbarungen (§ 77 BetrVG) stellen einen privatrechtlichen Vertrag zwischen den Betriebsparteien dar; Dienstvereinbarungen (§ 73

BPersVG) sind öffentlich-rechtliche Verträge zwischen Dienststelle und der Personalvertretung.

Als betriebs- oder dienststelleninterne Rechtssetzung verpflichten sie die Beschäftigten und die Betriebsparteien. Eine Anti-Mobbingvereinbarung bedeutet ein wesentliches Gestaltungsmittel der Mitbestimmung zum Schutz von Betrieben und Verwaltungen und deren Beschäftigten gegen die Folgen von Mobbing.

Dienst- und Betriebsvereinbarungen enthalten in formaler Hinsicht weitgehend gleiche Strukturelemente:

- Bezeichnung, Anlass und Zielsetzung
- Vertragsparteien
- Räumlicher und persönlicher Geltungsbereich
- Zeitliche Geltung
- Interne Bekanntmachung und Veröffentlichung
- Kündigungsmöglichkeiten der Vereinbarung
- Nachwirkung (Weiterreglung nach Kündigung)
- Datum des Inkrafttretens
- Salvatorische Klausel
- Unterschriften der Betriebsparteien

Die Vereinbarung wird vom Arbeitgeber bzw. der Dienststellenleitung und der Arbeitnehmervertretung unterzeichnet und bedarf immer der Schriftform. Betriebsvereinbarungen können sowohl auf der Ebene des Gesamt- oder Konzernbetriebsrates, Dienstvereinbarungen zwischen einer Stufenvertretung und dem zuständigen Personalrat getroffen werden. Sie sind dann für das gesamte Unternehmen oder den Geschäftsbereich einer Behörde verbindlich.

Für diese Vereinbarungen gelten folgende Einschränkungen:

- Begrenzung auf den Bereich des Betriebs oder der Behörde
- Beachtung arbeits- , tarifvertraglicher- oder beamtenrechtlicher Regelungen
- Achtung der Grundrechte der Belegschaft und anderer gesetzlicher Regelungen
- Vorrang straf-, zivil- und haftungsrechtlicher Vorschriften
- Keine Regelungen im Bereich der privaten Angelegenheiten der Beschäftigten

Mobbing als Störung des Betriebsfriedens mit nachteiligen Folgen sowohl für Unternehmen und Behörde als auch für die dort Tätigen sollte im Regelfall durch eine einvernehmliche Vereinbarung bekämpft werden, auf die sich Arbeitnehmervertretung und Betriebsleitung oder Dienststelle einigen.

Die Initiative kann von jeder Seite ausgehen. Verhandlungen, Erörterungen, gegebenenfalls unterstützt durch Thematisierung von Mobbing in Betriebs- oder Personalversammlungen und in Dienstbesprechungen können eine Lösung im Sinne der vertrauensvollen Zusammenarbeit möglich machen.

Neben einer freiwilligen und einvernehmlichen Vereinbarung können solche auch erzwungen werden. Dabei kommen insbesondere infrage:

> § 87 Abs. 1 Nr. 1, 6 und 7 BetrVG Mitbestimmung in sozialen Fragen
>
> § 75 Abs. 3 Nr. 15 und 16 BPersVG Ordnung in der Dienststelle und Verhalten der Beschäftigten

Betriebsrat und Personalrat können entsprechende Initiativanträge stellen und über ein Verfahren in der Einigungsstelle eine Vereinbarung zum Schutz vor Mobbing erreichen. Der Spruch der Einigungsstelle ersetzt dann die Dienstvereinbarung.

Vereinbarungen gegen Mobbing ersetzen nicht die Beteiligung in jeweils unterschiedlicher Form bei konkreten personellen Maßnahmen, sondern versachlichen und strukturieren diese.

Folgende Elemente können beispielsweise, unabhängig von den allgemeinen formalen Voraussetzungen Inhalte einer Mobbingvereinbarung sein:

- Begriffsbestimmung von Mobbing
- Bestellung von Mobbingbeauftragten
- Einrichtung einer Mobbing-Schlichtungsstelle
- Einbeziehung außerbetrieblicher Fachkräfte
- Befugnisse und Aufgaben des betriebsärztlichen Dienstes
- Interne und externe therapeutische Hilfen für Betroffene
- Aufstellung eines internen Verhaltenskodexes
- Sanktionierungsmöglichkeiten
- Innerbetriebliche Bußordnung
- Kostentragung
- Informationsveranstaltungen
- Thematisierung in Betriebs- und Personalversammlungen
- Schulungsansprüche der Mitglieder von Betriebs- und Personalrat
- Schulungen für Führungskräfte

In der Ausgestaltung der Einzelelemente der Vereinbarung können die Betriebsparteien weitgehend eigenständige Regelungen treffen, wenn sie dabei den Rahmen der bestehenden rechtlichen Vorschriften beachten. Auch sollte die Arbeitnehmervertretung Wert darauf legen, an entscheidenden Stellen der Vereinbarung ihren Einfluss und ihre Sachkenntnis über innerbetriebliche Vorgänge und Strukturen einzubringen.

So ist es denkbar, dass ein Mitglied des Betriebsrates oder der Personalrates zum Mobbingbeauftragten (besser: Konflikt- oder Schlichtungsbeauftragten) bestellt wird. Die Vorteile einer betriebsratsinternen Wahrnehmung der Aufgaben liegen in der Kenntnis der Betriebsabläufe und der Aufgabenstellung der Verwaltung, ebenso wie in der engen Anbindung an die Arbeit des Gremiums. Zusätzlich stehen einem solchen Beauftragten die besonderen Schutzrechte eines Mitgliedes der Arbeitnehmervertretung zu, wie Freistellung, Schutz vor Versetzung, Schulungsanspruch etc.

Denkbar ist ebenso die Beauftragung eines sonstigen Beschäftigten, beispielsweise eines Arztes, eines Psychologen oder eines Therapeuten. Auch kann die Stelle im Rahmen einer Neueinstellung durch einen fachlich ausgewiesenen Bewerber besetzt werden.

Enthält die Vereinbarung eine Regelung über einen Katalog betriebsinterner Bußen, kann es sich üblicherweise nur um Geldstrafen handeln. Durch Betriebs- oder Dienstvereinbarung vorgesehene Rückgruppierungen oder Kündigungen sind rechtlich unzulässig.

Um die Belegschaft insgesamt für das Problem zu sensibilisieren, bieten in der Vereinbarung vorgesehene Informationsveranstaltungen, auch im Rahmen einer Betriebs- oder Personalversammlung, eine geeignete Möglichkeit.

Von Bedeutung ist auch die Behandlung des Themas in Dienstbesprechungen mit den leitenden Beschäftigten, die Vorgesetztenfunktion wahrnehmen.

Es ist empfehlenswert, in die Vereinbarung außerdem eine Regelung aufzunehmen, nach der aktuelle sachliche und rechtliche Veränderungen jederzeit Berücksichtigung finden können.

6.6 Schulungsansprüche von Betriebsrat und Personalvertretung

Eine Arbeitnehmervertretung, die sich sachgerecht mit dem Thema Mobbing auseinandersetzt, benötigt eingehende Kenntnisse von den Arbeitsabläufen im Betrieb oder in der Verwaltung. Ebenso benötigt sie Kenntnisse und Einblicke in die Strukturen und Formen der Kommunikation zwischen der Führungsebene und der Belegschaft und den Beschäftigten untereinander.

Dieses Wissen können sich die Arbeitnehmervertreter durch ihr Recht auf Selbstinformation (z. B. Sprechstunde, Betriebsbegehungen) und durch Einbeziehung der Informationspflichten von Arbeitgeber und Dienststelle verschaffen. Daneben sind grundlegende Kenntnisse über Formen und Inhalte von Mobbinghandlungen notwendig, nicht zuletzt auch das fundierte Wissen um die eigenen rechtlichen Möglichkeiten zur Mobbingabwehr.

Dazu steht den Betriebs- und Personalräten die Möglichkeit offen, Schulungs- und Bildungsveranstaltungen zu besuchen.

Schulungsansprüche

§ 37 Abs. 6 und 7 BetrVG

§ 46 Abs. 6 und 7 BPersVG

Dabei unterscheidet das Gesetz zwischen „erforderlichen" und „geeigneten" Veranstaltungen. Die Rechtssprechung differenziert zusätzlich zwischen Grundschulung und Spezialschulung.

Grundschulungen benötigen keinen besonderen Anlass als Voraussetzung für die Teilnahme, sondern sind notwendig, damit die Arbeitnehmervertretung die ihr durch Gesetz auferlegten Pflichten verantwortlich und sachgerecht wahrnehmen können. Grundschulungen sind für das einzelne Mitglied und das Gremium immer erforderlich. Erstmalig gewählten Mitgliedern steht ein zusätzlicher zeitlicher Schulungsanspruch zu.

Spezielles Wissen vermitteln Lehrgänge zu einzelnen konkreten Situationen und Aufgabengebieten.

„Geeignete" Schulungen müssen im öffentlichen Dienst durch die Bundeszentrale für politische Bildung und im Bereich des Betriebsverfassungsgesetzes gemeinsam mit Gewerkschaften und Arbeitgeberverbänden durch die zuständige oberste Arbeitsbehörde des Landes anerkannt werden.

Strittig kann die Erforderlichkeit sein, durch die die Kostentragungspflicht des Betriebs oder der Verwaltung ausgelöst wird (§ 40 Abs. 1 BetrVG und § 44 Abs. 1 BPersVG).

Das Bundesarbeitsgericht (15.01.1997) unterstreicht die Bedeutung und Berechtigung der Bekämpfung von Mobbinghandlungen und begründet dies mit der Überwachungsverpflichtung der Arbeitnehmervertretung. Es betont ausdrücklich die Aufgabe der Arbeitnehmervertretung, die gleiche Behandlung aller Beschäftigten nach Recht und Billigkeit zu überwachen.

Nach Auffassung des Gerichts setzt die Erforderlichkeit der Schulung jedoch einen betriebs- oder betriebsratsbezogenen Anlass voraus. Das allgemeine Interesse an Wissensvermittlung über das Thema, so das BAG, reicht nicht aus, um die Erforderlichkeit der Schulung hinreichend zu begründen. Vielmehr muss eine aktuelle Konfliktlage vorliegen, die einen Handlungsbedarf auslöst.

Für den Bereich der Personalvertretung zählt die Rechtssprechung das Thema Mobbing zu den Spezialschulungen. Spezialschulungen können z. B. zu folgenden Themen stattfinden:

- Tarifrecht
- Arbeitsrecht
- Beamtenrecht
- Arbeitsschutz und Unfallfürsorge
- Suchtprobleme am Arbeitsplatz
- Eingruppierungsrecht
- Datenschutz

Die Teilnahme von Personalratsmitgliedern an derartigen Schulungen ist immer dann gerechtfertigt, wenn sie aus aktuellem, dienststellenbezogenen oder personalratsbezogenen Anlässen besucht werden.

Zur Teilnahme kommen vorrangig die Mitglieder infrage, die nach der Geschäftsverteilung für das entsprechende Sachgebiet zuständig sind. Beim Thema Mobbing trifft dies in jedem Fall auf den Mobbingbeauftragten im Personalrat zu.

Diese Voraussetzungen entsprechen im Wesentlichen den Bedingungen, die das BAG an die Teilnahme von Schulungen geknüpft hat.

Einschränkend gilt auch, dass ein Schulungsbedarf nur dann gerechtfertigt ist, wenn im Gremium kein Mitglied bereits Kenntnisse über den Sachverhalt besitzt.

Bei der Frage der zeitlichen Lage der Schulung und der Schulungsdauer haben Betriebsrat und Personalrat auf die dienstlichen und betrieblichen Verhältnisse Rücksicht zu nehmen.

Gemäß § 37 Abs. 6 BetrVG entscheidet bei Nichteinigung die vom Arbeitgeber angerufene Einigungsstelle. Streitfälle, die sich bei der Auslegung des § 46 Abs. 6 und 7 BPersVG ergeben, sind in einem personalvertretungsrechtlichen Beschlussverfahren durch das Verwaltungsgericht zu klären.

6.7 Mobbing als Thema von Betriebs- und Personalversammlung

In Betriebsversammlungen (§§ 42 – 46 BetrVG) und Personalversammlungen (§ 48 – 52 BPersVG) berichten Betriebsrat und Personalvertretung über ihre Arbeit und erstatten einen Tätigkeitsbericht. Gleichzeitig stellen die Veranstaltung, bei der alle Beschäftigten teilnahmeberechtigt sind, eine Aussprachemöglichkeit zwischen der Belegschaft und ihrer Vertretung dar.

Betriebsversammlungen finden vierteljährlich, Personalversammlungen einmal im Halbjahr statt.

Zu den Themen der Versammlung kann auch die Information über Mobbingabwehr und Mobbingprävention gehören. Personalvertretung und Betriebsrat berichten über ihre Arbeit in diesem Bereich und stellen Vorhaben und Planungen, etwa zu einer Anti-Mobbing-Vereinbarung, vor.

Die Beschäftigten können dazu Anregungen, Vorschläge und auch Kritik äußern. Ebenfalls können Anträge gestellt werden, die ein bestimmtes Vorgehen oder eine Initiative zur Bekämpfung von Mobbing zum Inhalt haben. Beispielsweise kann von den Beschäftigten die Einrichtung einer Schlichtungsstelle beantragt werden.

Anträge und Beschlüsse der Versammlung stellen Empfehlungen an die Arbeitnehmervertretung dar, können aber Personalrat und Betriebsrat nicht zu einem bestimmten Handeln verpflichten.

Informationen durch Vorträge usw. können von internen Fachkräften, aber auch wenn notwendig durch betriebs- und dienststellenfremde Referenten gegeben werden.

Dabei kann es sich um Erkenntnisse über psycho-soziale Folgen von Mobbing durch medizinische und therapeutische Experten handeln. Es können beispielsweise der Leiter einer außerbetrieblichen Beratungsstelle oder andere Fachkräfte der betrieblichen oder behördlichen Gesundheitsfürsorge eingeladen werden. Ebenso können Beauftragte der Gewerkschaften über rechtliche Fragen informieren.

Vom Gesetz ausdrücklich benannt ist die Behandlung von Fragen der Gleichstellung (§ 43 Abs. 2 BetrVG), der Frauenförderung (§ 51 BPersVG) und zusätzlich im betrieblichen Bereich die Integration ausländischer Arbeitnehmer.

Nach § 43 Abs. 2 BetrVG hat der Arbeitgeber jährlich in mindestens einer Betriebsversammlung über diese Themen zu berichten. Dadurch erfüllt er auch einen Teil seiner Verpflichtungen gemäß § 12 AGG.

Der Arbeitgeber oder die Dienststelle und ein Viertel der wahlberechtigten Beschäftigten können die Einberufung einer Betriebs- oder Personalversammlung zum Thema Mobbing oder Diskriminierung am Arbeitsplatz verlangen. Zusammenhänge bestehen in diesem Punkt zum § 86a BetrVG, nach dem jeder Arbeitnehmer das Recht hat, dem Betriebsrat Themen zur Beratung vorzuschlagen. Wird eine solche Anregung von mindesten fünf Prozent der Betriebsangehörigen unterstützt, ist der Betriebsrat verpflichtet, sich innerhalb von zwei Monaten mit dem Thema zu beschäftigen.

Neben diesen Möglichkeiten der Information und Beratung sind Dienststelle und Arbeitgeber verpflichtet, der Arbeitnehmervertretung die erforderliche Fachliteratur zur Verfügung zu stellen.

Personalvertretung und Betriebsrat sind außerdem berechtigt, die Beschäftigten durch betriebs- und dienststelleninterne Veröffentlichungen über das Thema Mobbing am Arbeitsplatz zu informieren. Neben der schriftlichen Information kann sich die Arbeitnehmervertretung dabei der Möglichkeiten der internen elektronischen Kommunikation bedienen. Die Kosten tragen Arbeitgeber und Dienststelle.

Literaturverzeichnis

Altvater/Hamer/Kröll/Lemcke/Peiseler, Bundespersonalvertretungsgesetz mit Wahlordnung und ergänzenden Vorschriften, Frankfurt, 6. Auflage 2008

Altvater/Perseler, Bundespersonalvertretungsgesetz, Basiskommentar, Frankfurt, 4. Auflage 2005

Baden, Rechte des Personalrates und ihre Durchsetzung, Frankfurt, 2005

Benecke, Mobbing – Arbeits- und Haftungsrecht, Göttingen 2005

Bierkamp, Das Diskriminierungsverbot im Arbeitsrecht, o. O. 2008

Brinkmann, Mobbing, Bullying, Bossing – Treibjagd am Arbeitsplatz, Heidelberg, 2. Auflage 2002

Esser/Wolmerath, Mobbing – Der Ratgeber für Betroffene und ihre Interessenvertretung, 7. Auflage, Frankfurt 2008

Grünwald/Hille, Mobbing im Betrieb – Abwehrstrategien und Handlungsmöglichkeiten, München 2003

Klebe/Ratayczak/Heilmann/Spoo, Betriebsverfassungsgesetz, Basiskommentar mit Wahlordnung, Frankfurt, 15. Auflage 2009

Kollmer, Mobbing im Arbeitsverhältnis, Heidelberg, 4. Auflage 2007

Leymann, Der neue Mobbingbericht, Reinbek 1995

Lorenz, Mobbing am Arbeitsplatz – Handlungsmöglichkeiten von Betroffenen, Arbeitgeber und Personalrat, PersR, 2002, Seite 65-73

Meschkutat/Stackelbeck/Langenhoff, Der Mobbing-Report Repräsentativstudie für die Bundesrepublik Deutschland im Auftrag der Bundesanstalt für Arbeitsschutz, Dortmund, 6. Auflage 2005

Nollert-Borasio/Perreng, Allgemeines Gleichbehandlungsgesetz (AGG) – Basiskommentar, Frankfurt, 2. Auflage 2008

Pulte, Das deutsche Arbeitsrecht, Troisdorf, 3. Auflage 2008

derselbe, Beteiligungsrechte außerhalb der Betriebsverfassung, Köln 1997

Wickler (Hrsg.), Handbuch Mobbing – Rechtsschutz, Heidelberg 2004

Wolmerath, Mobbing im Fokus der Rechtsprechung , PersR 2004, S. 327-340 *derselbe*, Mobbing im Betrieb – Rechtsansprüche und ihre Durchsetzbarkeit, Baden-Baden 2000

Zuschlag, Mobbing – Schikane am Arbeitsplatz, Göttingen, 3. Auflage 2001

Stichwortverzeichnis

Pulte

Das deutsche Arbeitsrecht

Kompaktwissen für die Praxis

In erster Linie will das Arbeitsrecht die Rechtsbeziehungen zwischen Arbeitgeber und Arbeitnehmer - den Parteien des Arbeitsrechts - und deren Organisationen und Interessenvertretern regeln. Darüber hinaus dient es dem besonderen Schutz aller in abhängiger Tätigkeit stehender Personen. Im Vordergrund des Arbeitslebens steht der Mensch mit seiner persönlichen Arbeitsleistung.

Der Titel vermittelt kompakt und übersichtlich die vielseitigen Facetten des Arbeitsrechts. Von der Einstellung über die Durchführung bis zur Beendigung des Arbeitsverhältnisses werden alle Aspekte dargestellt, die in einem Arbeitsleben auftreten können. Aber auch die kollektivrechtliche Seite Betriebsverfassung, Tarifordnung, Streikrecht, das Arbeitsschutzrecht und das arbeitsgerichtliche Verfahren sind in die Darstellung aufgenommen worden.

Das Buch aus der Reihe „Kompaktwissen für die Praxis" bietet sich somit sowohl zum Studium als auch für die praktische Orientierung als ein bedeutsames Hilfsmittel an.

ISBN 978-3-941388-00-0 Preis der Printausgabe: 19,80 €

Bontrup, Hansen

Personalmanagement

Kompaktwissen für die Praxis

Das Buch „Personalmanagement" ist eine Aufsatzsammlung von prominenten WissenschaftlerInnen und PraktikerInnen.

Neben Fragen der Personalplanung und des Personalcontrollings werden das Problemfeld der Führung im Unternehmen sowie die Theorie und Praxis aktueller Managementkonzepte zur Modernisierung der Arbeitsorganisation angesprochen. Weitere Aufsätze beschäftigen sich mit einem internationalen Vergleich der Arbeitszeitorganisation im Betrieb und mit der theoretischen Analyse des Arbeitsentgeltes in Form eines volks- und betriebswirtschaftlichen Diskurses.

Den Abschluss des Buches bildet ein Beitrag zur Unternehmenskultur, Partizipation und Mitbestimmung.

Die vorgelegte Aufsatzsammlung eignet sich sowohl für Studierende der Wirtschaftswissenschaft mit den Schwerpunkten Arbeitsökonomie und Personalbetriebswirtschaftslehre als auch für Praktiker im Bereich des Personalmanagement sowie für unternehmerische und betriebliche Mitbestimmungsträger.

ISBN 978-3-941388-17-8 Preis der Printausgabe: 19,80 €